## Körner, Schrot und Mehl

sind »Universalgenies«: Sie enthalten fast alle Inhaltsstoffe, die für eine gesunde Ernährung notwendig sind. Zusammmen mit Gemüse, Obst, Milchprodukten und Eiern lassen sie sich ausgesprochen vielseitig zu pikanten und süßen Gerichten verarbeiten.
Die Zubereitung von Getreide ist außerdem ganz einfach und völlig problemlos. Versuchen Sie es doch einmal! Es wird Ihnen sicher gut gelingen und schmecken!

# INHALT


4 **Vollkorn im Überblick**

4 Was ist Vollkorn?

6 **Einkauf und Lagerung**

6 Wo kaufen?
6 Beim Einkauf zu beachten
7 Aufbewahrung ohne Probleme

8 **Vollkorn zubereiten**

8 Getreidemühle, ja oder nein?
8 Getreide muß quellen
9 Tips zum Kochen und Backen

10 **Müsli und Salate**

10 Knuspermüsli mit Himbeeren
10 Cremiges Dinkelmüsli
12 Blattsalat mit Dinkel und Käse
14 Grünkernsalat mit Käse und Trauben
15 Südländischer Weizensalat »Taboule«

16 **Suppen und Eintöpfe**

16 Hirsesuppe mit Sprossen
16 Gemüsebrühe mit Grießklößchen
18 Dinkelcremesuppe mit Zuckerschoten
18 Amaranth-Tomaten-Suppe
20 Linsencurry mit Getreide
22 Buchweizentopf mit Sommergemüse
22 Gemüse mit Couscous

24 **Für alle Tage**

24 Crêpes mit Kräuter-Sprossen-Sauce
26 Risotto mit Fenchel
28 Dinkel-Haselnuß-Bratlinge
30 Wirsingspätzle mit Pilzen
32 Dinkel mit Spinatsahne
32 Nudeln mit Zitrone
34 Zucchini-Thymian-Pfannkuchen

36 **Für kleine Einladungen**

36 Grünkernküchlein mit Möhrensauce
38 Maultaschen mit Spinat-Tofu-Füllung
40 Buchweizengnocchi mit Kräutersauce
42 Grünkern-Tomaten-Gratin mit Pilzen
44 Dinkelflan mit Safransauce
46 Maisschnitten mit Tomatensauce
48 Spargelnudeln mit Egerlingen

50 **Verlockendes Gebäck**

50 Pizza mit Gemüse
52 Ährenbrot mit Dinkel
54 Beerenkuchen mit Nuß-Guß
56 Hefezopf mit Apfelfüllung

58 **Desserts**

58 Crêpes mit Himbeersahne
58 Weizen-Fruchttörtchen
60 Hafercreme mit Orangen
60 Zimtcreme mit Bananen

62 **Rezept- und Sachregister**

64 **Wichtiger Hinweis**

## Was ist Vollkorn?

Die Bezeichnung »Vollkorn« umfaßt alle naturbelassenen Getreidesorten und die daraus hergestellten Produkte. Vollgetreide enthält besonders in den wertvollen Randschichten und im Keimling für unseren Körper notwendige Wirk- und Funktionsstoffe. Je nach Getreideart sind die folgenden Inhaltsstoffe in unterschiedlicher Kombination enthalten: viel körperaufbauendes Eiweiß, energieliefernde und ballaststoffhaltige Kohlenhydrate, stoffwechselregelnde Fette, Vitamine und Mineralstoffe. Der Mehlkörper im Inneren des Getreidekorns besteht aus Stärke und Klebereiweiß (Gluten), die in erster Linie für gute Backeigenschaften verantwortlich sind.
Aus der großen Getreidevielfalt habe ich für die Rezepte diejenigen ausgewählt, die mir aufgrund ihrer spezifischen Inhaltsstoffe und ihrer küchentechnischen (Verarbeitungs-) Möglichkeiten besonders wertvoll erschienen:

**Dinkel** ist mein persönlicher Vollkorn-Getreide-Favorit. Er wird heute von vielen als das wertvollste Getreide angesehen, da er eine besonders günstige Zusammensetzung der Inhaltsstoffe enthält. Der Dinkel, eine alte Kulturform des Weizens, wird beim Anbau wenig bearbeitet. Er ist eine robuste Pflanze, die kaum krankheitsanfällig ist und keine starke Düngung verträgt. Daher ist der Dinkel ganz besonders für den biologischen Anbau geeignet! Außerdem ist das Korn fest von Spelzen umschlossen, die nach dem Dreschen in einem separaten Arbeitsgang entfernt werden müssen. Es können sich also keine Schadstoffe aus der Luft auf den Körnern ablagern! Dinkel schmeckt nußartig, enthält mehr Klebereiweiß als Weizen und läßt sich feiner ausmahlen, da er eine zarte und leicht wasserlösliche Faserstruktur besitzt. Wegen dieser Eigenschaft hat man mit Dinkel in der Diätkost sehr gute Erfahrungen gemacht. Dinkel ist für alle Arten von Getreidezubereitungen geeignet, besonders für Feingebäck, Brote, Nudeln, Spätzle und Pfannkuchen.

**Grünkern** ist unreif geernteter und über Holzfeuer gedarrter Dinkel. Sie können ihn sehr gut für Suppen, Salate, Aufläufe oder Bratlinge verwenden.

**Weizen** schmeckt mild und wird aufgrund seines hohen Klebergehaltes vorwiegend für Brot und Backwaren verwendet. Hartweizen enthält weniger Klebereiweiß als Weichweizen und eignet sich daher weniger gut zum Backen. Hartweizen ist jedoch wegen seiner grießartigen Konsistenz ganz hervorragend für die Herstellung von Teigwaren geeignet. *Couscous* oder *Bulgur* sind grießartige Produkte aus Hartweizen. Dafür wird Hartweizen vorgekocht oder gedämpft, dann getrocknet und mittelgrob vermahlen. Durch diese Vorbehandlung haben Couscous und Bulgur eine kurze Garzeit von nur 5–15 Minuten und eignen sich daher sehr gut für schnelle Eintöpfe mit Gemüse.

**Hafer** wird als Nackthafer spelzenfrei gezüchtet. Er enthält besonders große Mengen an Nähr- und Wirkstoffen. Sein Geschmack ist mild und

*Bei Getreidefans besonders beliebt und vielseitig zu verwenden: Grünkern, Dinkel und Weizen.*

*Hafer ist sehr fettreich und wird daher oft als »Kraftnahrung« bezeichnet.*

*Auf dem Bild oben links sehen Sie Amaranth, darunter Mais und Maisgrieß. Neben Amaranth sind Buchweizen, Naturreis und Hirse zu sehen.*

aromatisch. Ich verwende ihn vor allem für Müslis, Suppen und Klöße und als »Aufsaugmittel« für saftige Kuchen. Er sorgt zum Beispiel bei Kuchen mit sehr saftigen Früchten dafür, daß er nicht durchweicht.

**Hirse** enthält als besondere Inhaltsstoffe Fluor und Silicium. Sie schmeckt mild und eignet sich daher gleichermaßen gut für süße und pikante Gerichte. Hirse ist glutenfrei.

**Naturreis** enthält wie jedes Vollgetreide noch die wertvollen Inhaltsstoffe des ganzen Korns. Als Mehl oder in Flokkenform ist Reis ein gutes Dickungsmittel für Saucen. Reis ist glutenfrei.

**Mais** kann milchreif als Gemüsemais oder ausgereift verwendet werden. Er wird im Haushalt am besten als Maisgrieß verarbeitet, da sich die Körner nur in wenigen Haushaltsgetreidemühlen vermahlen lassen. Mais schmeckt mild und ist daher für süße und pikante Gerichte verwendbar. Das Maiseiweiß wird sehr gut aufgewertet, wenn Sie Mais mit Hülsenfrüchten servieren. Mais ist glutenfrei.

**Buchweizen** ist, botanisch gesehen, kein Getreide, sondern ein Knöterichgewächs. Er wird aber trotzdem zu den Getreiden gezählt, da er sich wie Getreide verwenden läßt. Buchweizen schmeckt nußartig aromatisch und läßt sich gut für Bratlinge, Eintöpfe, Aufläufe und Gebäck verwenden. Buchweizen ist glutenfrei.

**Amaranth** ist ein getreideähnliches Gewächs aus Südamerika mit einem sehr hohen ernährungsphysiologischen Wert. Amaranth ähnelt in seinem Nährwert der Milch. Er kann daher sehr gut bei Milchunverträglichkeit verwendet werden.

## Wo kaufen?

Vollgetreide können Sie im Naturkostladen oder auch direkt beim Bauern kaufen. Getreide sollte möglichst aus kontrolliert-ökologischem Anbau stammen. Achten Sie auf das Warenzeichen eines anerkannten Verbands des ökologischem Landbaus, zum Beispiel »Demeter«, »Bioland«, »Biokreis Ostbayern«, »Biodyn« oder »ANOG«. Beim Einkauf sollten Sie vor allem auf gut gereinigtes Getreide achten. Es darf keine Steine, Unkrautsamen oder gar Mutterkorn enthalten. Mutterkorn ist ein durch Pilzbefall verändertes Getreidekorn, das in größeren Mengen giftig wirkt. Sie können es jedoch gut erkennen, denn das schwarze Mutterkorn ist größer als ein normales Getreidekorn, allerdings kann es auch in kleine Stücke zerbrochen sein. Innen ist es weiß. Um ganz sicher zu gehen, daß sich keine Fremdkörper im Getreide befinden, sollten Sie die Körner zur Sichtprobe in eine Schüssel schütten. Dieser geringe Zeitaufwand lohnt sich, auch wenn Sie nur ein Steinchen finden, das eventuell Ihrer Getreidemühle oder Ihren Zähnen geschadet hätte. Lassen Sie sich aber keinesfalls durch einseitige Zeitungsberichte über mögliche Verunreinigungen davon abhalten, Getreidegerichte auf ihren Speisezettel zu bringen. Es wäre zu schade, auf dieses Top-Lebensmittel zu verzichten!

## Aufbewahrung ohne Probleme

Getreide ist eine »Naturkonserve«, als ganze Körner können Sie es problemlos über Monate oder sogar Jahre lagern. Wichtig ist nur, daß der Lagerort trocken, kühl, dunkel, luftig und vor Fremdgerüchen geschützt ist. Die ideale Lagertemperatur liegt zwischen 10° und 15°. Doch auch bei normalen Zimmertemperaturen können Sie Getreide in kleineren Mengen einige Monate lagern, wenn Sie folgendes beachten: Wichtig ist, daß das Getreide absolut trocken ist, damit es nicht schimmelt, und ab und zu durchbewegt oder -geschüttelt wird, damit

es »atmen« kann. Ob die Körner ausreichend trocken sind, können Sie ganz einfach testen, indem Sie ein Korn mit einem Löffel oder Messerrükken auf einer harten Unterlage zerdrücken: Knackt es hörbar und springt es weg, ist das Korn gut trocken. Läßt es sich zu einer »Flocke« zerdrücken oder schmiert es, ist es zu feucht. In diesem Falle sollten Sie das Korn vor der Aufbewahrung in geschlossenen Behältern in der Sonne oder im Backofen bei niedrigster Temperatur trocknen. Als Behälter für Getreide eignen sich Gläser mit Deckeln oder Korkverschlüssen, möglichst aus dunklem Glas oder im Dunkeln aufbewahrt. Gut geeignet sind auch Säckchen aus Baumwoll- oder Leinenstoff (möglichst doppellagig), die man ganz einfach selbst herstellen kann. Ferner können Sie auch Behälter aus unbehandeltem Holz für die Lagerung von größeren Getreidemengen verwenden. Kleine Getreidemengen können Sie selbstverständlich auch in der Papierverpackung aufbewahren. Sollten sich trotz aller Vorsicht in Ihrem Getreide einmal vereinzelt Insekten wie Kornkäfer, Mehlmotten oder Mehlmilben entwickeln, so können Sie diese entweder durch Kühlen des Getreides auf –15° bis –18° für etwa 24 Stunden beziehungswe se durch Erhitzen der Körner vernichten. Getreide, das von Schädlingen befallen war, sollte allerdings nicht mehr roh verzehrt werden.

*In geeigneten Gefäßen läßt sich Getreide jahrelang lagern. Verwenden Sie am besten Baumwoll- und Leinensäckchen oder Glasbehälter mit Korkverschlüssen. Auch unbehandeltes Holz ist ein gutes Material für die Getreidelagerung.*

## Getreidemühle, ja oder nein?

Getreide kann nicht nur als ganzes Korn, sondern auch gemahlen zubereitet werden. Sie können das Getreide beim Kauf im Reformhaus oder Naturkostladen mahlen lassen. Wenn Sie jedoch häufiger Vollkorngerichte zubereiten wollen, lohnt sich die Anschaffung einer elektrischen Getreidemühle. Sie sind dadurch unabhängig von Ladenöffnungszeiten und können das Getreide auch immer mit dem vollen Wirkstoffgehalt verarbeiten; denn frisch gemahlenes Vollgetreide sollte man nicht zu lange aufbewahren. Getreidemühlen gibt es in unterschiedlichen Ausführungen: als Handmühle, als Mühle mit elektrischem Antrieb und als preiswerte Vorsatzgeräte zu Küchenmaschinen und elektrischen Gemüseraffeln. Das Mahlwerk der Mühlen kann aus Stahl, Stein oder Keramik bestehen. Wesentliche Unterschiede der einzelnen Typen hinsichtlich der Mahlergebnisse konnten in Untersuchungen nicht festgestellt werden. Achten Sie darauf, ob sich das Mahlwerk leicht zerlegen läßt, damit Sie die Mühle leicht reinigen können.

## Getreide muß quellen

Damit die Inhaltsstoffe des Getreides vom Körper gut ausgenutzt werden können, müssen die Körner beziehungsweise der Schrot oder das Mehl aufquellen. Dies erreicht man sowohl durch Einweichen wie auch durch Kochen. Durch Einweichen gequollenes Getreide, wie es zum Beispiel beim Frischkornmüsli der Fall ist, ist besonders wirkstoffreich. Meist wird Getreide jedoch aus Zeit- oder Geschmacksgründen durch

*Für welche Getreidemühle Sie sich entscheiden, hängt vor allem von der Größe Ihrer Familie ab. Lassen Sie sich im Fachhandel beraten, welche Mühle Ihren Bedürfnissen am besten entspricht.*

*Spar-Gar-Box:*
*Sie spart Energie, in dem sie die nötige Hitze zum Quellen hält.*

*Form ausstreuen: Bei feuchten Teigen und Hefeteig sollten Sie die Form ausstreuen.*

Garen ausgequollen. Ganze Getreidekörner sollten Sie vor dem Kochen einige Stunden in Wasser einweichen, damit die Garzeit nicht so lang ist. Wenn Sie die Körner vor dem Einweichen kurz aufkochen lassen, geht das Quellen schneller. Nach der Einweichzeit kocht man die Körner im Einweichwasser auf und läßt sie zugedeckt bei schwacher Hitze weiterkochen. Die Garzeiten hängen von der Dauer des Einweichens, von der Qualität und dem Alter des Getreides ab. So kann es sein, daß die Garzeiten für die gleiche Getreideart von Jahr zu Jahr kleine Unterschiede aufweisen. Wenn Sie kleinere Getreidemengen zubereiten möchten als in den Rezepten abgegeben, brauchen Sie prozentual etwas mehr Flüssigkeit. Bei zu großer Hitze oder wenn Sie den Deckel beim Kochen häufig abnehmen, verdunstet mehr Flüssigkeit. Diese sollten Sie immer ersetzen.

## Tips zum Kochen und Backen

- Wiegen Sie die Zutaten immer ab. Ein Meßbecher ist für die Vollkornküche zu ungenau, da zum Beispiel Weizenkörner ein anderes Raummaß haben als Weizenmehl.
- Zum Kochen eignen sich am besten Töpfe mit dichtschließenden Deckeln, bei denen die Deckelkanten in das Innere des Topfes ragen. Dadurch kann nur wenig Kochwasser verdunsten.
- Sehr praktisch und energiesparend ist die »Spar-Gar-Box«, ein Styroporgehäuse, in das ein Edelstahltopf mit dichtschließendem Deckel genau hineinpaßt. Die Körner werden je nach Sorte 3–5 Minuten angekocht, dann stellt man den Topf in die Box. Jetzt kann das Getreide je nach Sorte 20–60 Minuten darin »weiterköcheln« beziehungsweise ausquellen. Wenn nach der angegebenen Zeit noch nicht alle Körner gleichmäßig aufgequollen sind, geben Sie noch etwas Zeit dazu.
- Eine ähnliche »Kochkiste« kann man sich aus Dämmaterial leicht selbst herstellen.
- Wenn Sie einen Dampfdrucktopf mit Schonstufe oder ein Dampfgargerät besitzen, können Sie das Getreide gut darin garen. Dabei werden die Körner mit knapp der doppelten Menge Flüssigkeit in einen ungelochten Einsatz gegeben. Die Garzeit im Dampf (ohne Druck) entspricht der in den Rezepten angegebenen Gesamtkochzeit. Die Körner danach im Gerät noch etwas nachquellen lassen.
- Gekochte Körner haben etwa das 2 1/2-fache Gewicht der trockenen Körner.
- Bei Getreide mit langer Kochzeit, lohnt es sich, die doppelte Menge zu kochen und einen Teil im Kühlschrank oder Gefriergerät aufzuheben.
- Die Flüssigkeitsmengen sind oft in ccm angegeben. Wenn Sie keinen Meßbecher haben, wiegen Sie die Flüssigkeit ab: 1 ccm entspricht etwa 1 g.
- Achten Sie auf die Größe der Eier. In den Rezepten habe ich Eier der Handelsklasse 3 und 4 verwendet.
- Fetten Sie (außer bei fetthaltigen Mürbeteigen) auch beschichtete Formen ein. Zum Einfetten eignet sich Butter am besten. Bei sehr feuchten Teigen sowie bei Hefeteigen sollten Sie die Form oder das Blech zusätzlich mit Kleie oder Mehl ausstreuen.

# Knuspermüsli mit Himbeeren

Die Knuspermischung schmeckt auch sehr gut in anderen Müsli-Varianten. Sie können Sie für ein paar Tage im voraus zubereiten und in einem Schraubglas aufbewahren.

*Zutaten für 4 Personen:*
*80 g Nackthafer, grob geschrotet*
*80 ccm Milch, Wasser oder Apfelsaft*
*20 g Butter*
*50 g beliebige Nüsse oder Sonnenblumenkerne, grob gehackt*
*60 g Hafer-, Dinkel- oder Weizenflocken*
*20 g Buchweizen*
*1 große Banane*
*250 g Himbeeren*
*Nach Belieben:*
*1Teel.Zuckerrohrgranulat oder Honig*

**Raffiniert**

Pro Portion etwa:
1400 kJ/330 kcal
9 g Eiweiß · 14 g Fett
39 g Kohlenhydrate
7 g Ballaststoffe

- Zubereitungszeit: etwa 35 Minuten

**1.** Den Schrot mit der Milch, dem Wasser oder Saft übergießen, 30 Minuten quellen lassen.

**2.** Inzwischen die Butter in einer Pfanne erhitzen. Die Nüsse, die Flocken und den Buchweizen unter ständigem Bewegen darin bei mittlerer Hitze leicht anrösten. Die Mischung etwas abkühlen lassen.

**3.** Die Banane schälen, kleinschneiden und unter den Frischkornbrei rühren. Die Himbeeren mit Wasser überbrausen und abtropfen lassen.

**4.** Die Knuspermischung und eventuell das Granulat oder den Honig einrühren. Die Hälfte der Himbeeren vorsichtig unterheben. Die restlichen Himbeeren darauf verteilen.

# Cremiges Dinkelmüsli

*Zutaten für 4 Personen:*
*120 g Dinkel, fein bis mittelgrob gemahlen*
*600 ccm Milch (oder halb Milch, halb Wasser)*
*1 Messerspitze Zimtpulver*
*nach Belieben 1 Messerspitze Galgantpulver (siehe Tip)*
*1–2 Äpfel*
*1 Banane oder 2 Eßl. Rosinen*
*50–100 g beliebige Beeren oder andere Früchte, je nach Jahreszeit*
*2 Eßl. Mandeln, frisch gehackt*

**Für Ungeübte • Schnell**

Pro Portion etwa:
1300 kJ/310 kcal
11 g Eiweiß · 12 g Fett
6 g Kohlenhydrate
18 g Ballaststoffe

- Zubereitungszeit: etwa 30 Minuten

**1.** Das Dinkelmehl in einem Topf mit der Milch oder dem Wasser verrühren. Etwa 15 Minuten quellen lassen.

**2.** Den Dinkel dann bei schwacher Hitze unter gelegentlichem Rühren 3–5 Minuten kochen lassen. Mit dem Zimt und eventuell dem Galgant würzen und beiseite stellen

**3.** Die Äpfel gründlich waschen und mit der Schale auf einer mittelgroben Reibe auf den Brei reiben oder in kleine Stückchen schneiden und sofort unterrühren.

**4.** Die Banane schälen, längs vierteln und würfeln. Die Banane oder die Rosinen in die Masse rühren.

**5.** Die Beeren oder anderen Früchte waschen und gegebenenfalls kleinschneiden, dann auf dem Müsli verteilen. Die Mandeln darüber streuen.

## Tip!

Galgant ist ein altes, heute wiederentdecktes Gewürz aus der Familie der Ingwergewächse, das in der Ganzheitsmedizin als Heilmittel große Bedeutung hat. Man sagt ihm nach, es wirke günstig auf Herz und Kreislauf, entzündungshemmend und krampflösend.

*Im Bild vorne: Knuspermüsli mit Himbeeren.*
*Im Bild hinten: Cremiges Dinkelmüsli.*

# Blattsalat mit Dinkel und Käse

Dieser Salat ist ein leichtes, sommerliches Mittag- oder Abendessen. Er kann natürlich auch mit anderen Getreidearten wie zum Beispiel Weizen, Hafer oder Gerste zubereitet werden.

*Zutaten für 4 Personen:*
*100 g Dinkel*
*200 ccm Wasser*
*Salz*
*1/2 Teel. Miso oder Sojasauce*
*2 Eßl. Obstessig*
*1 Eßl. Zitronensaft*
*1 Teel. Senf*
*2 Eßl. kaltgepreßtes, nicht raffiniertes Sonnenblumenöl*
*1 Eßl. Crème fraîche oder Sahne*
*weißer Pfeffer, frisch gemahlen*
*1 Kopf Blattsalat, zum Beispiel Lollo Rosso oder Eissalat*
*1/4 Salatgurke*
*1 mittelgroße Möhre*
*1 Apfel*
*1 Frühlingszwiebel oder*
*1 Bund Schnittlauch*
*50 g Emmentaler oder Parmesan*
*25 g Sonnenblumen- oder Kürbiskerne, nach Belieben frisch geröstet*

**Für Gäste**

Pro Portion etwa:
1400 kJ/330 kcal
11 g Eiweiß · 21 g Fett
24 g Kohlenhydrate
26 g Ballaststoffe

- Einweichzeit: 2–3 Stunden
- Zubereitungszeit: etwa 3 Stunden

**1.** Den Dinkel verlesen, mit dem Wasser in einen kleinen Topf geben und zugedeckt 2–3 Stunden einweichen.

**2.** Die Körner mit 1 Prise Salz und dem Miso oder der Sojasauce 2–3 Minuten aufkochen, dann zugedeckt bei schwacher Hitze 20–30 Minuten ausquellen lassen.

**3.** Für die Marinade den Essig, den Zitronensaft, den Senf, das Öl und die Crème fraîche oder Sahne in einer Salatschüssel verrühren. Mit Salz und Pfeffer abschmekken.

**4.** Die Salatblätter waschen, in mundgerechte Stücke zerteilen und in einem Sieb abtropfen lassen.

**5.** Die Gurke und die Möhre waschen und gegebenenfalls dünn schälen. Die Gurke und die Möhre mittelgrob in die Schüssel raspeln. Die Hälfte der Dinkelkörner einrühren.

**6.** Den Apfel waschen, mit einem Tuch abreiben, vierteln, das Kerngehäuse ausschneiden und den Apfel in kleine Stücke schneiden. Die Frühlingszwiebel waschen, von den Wurzeln befreien und in feine Ringe schneiden. Oder den Schnittlauch waschen und feinschneiden. Den Apfel und die Hälfte der Zwiebel oder des Schnittlauchs unter den Salat mischen.

**7.** Den Käse reiben oder in kleine Würfel schneiden.

**8.** Den Käse, die Sonnenblumen- oder Kürbiskerne und die Salatblätter untermischen. Die restlichen Körner, die Zwiebel oder den Schnittlauch darüber streuen.

**Variante:**
Der Salat schmeckt auch mit Erdbeeren und Melone sehr gut. Den Apfel und die Möhre in diesem Fall weglassen. Und statt der Frühlingszwiebel oder des Schnittlauchs schmeckt Zitronenmelisse besonders gut.

## Tip!

Kochen Sie gleich eine größere Menge Getreide, dann sind dieser und andere Salate sehr schnell zubereitet.
Anstelle von 100 g ungegarten Körnern brauchen Sie dann etwa 250 g gekochtes Getreide. Vorgekochte Körner können Sie immer sehr vielseitig verwenden: außer für Salate zum Beispiel auch für Bratlinge, Suppen oder für ein Müsli!

*Wenn's draußen heiß ist, schmeckt er besonders gut: Der frische Salat mit den aromatischen Dinkelkörnern.*

# Grünkernsalat mit Käse und Trauben

Diesen Salat können Sie auch gut mit Weizen oder Dinkel zubereiten. Wenn Sie Zeit haben, sollten Sie den Grünkern 1–2 Stunden vor dem Kochen einweichen. Die Garzeit verkürzt sich dann um etwa 10 Minuten.

| |
|---|
| *Zutaten für 4 Personen:* |
| *200 g Grünkern* |
| *400 ccm Wasser* |
| *Salz* |
| *1 Teel. Sojasauce* |
| *2–3 Eßl. Zitronensaft* |
| *1 Eßl. kaltgepreßtes, nicht raffiniertes Sonnenblumenöl* |
| *2–3 Eßl. Joghurt* |
| *100 g Emmentaler oder Parmesan* |
| *1 Birne* |
| *250 g Trauben* |
| *5–6 Blättchen Zitronenmelisse* |

**Raffiniert**
**Für Ungeübte**

Pro Portion etwa:
1600 kJ/380 kcal
14 g Eiweiß · 15 g Fett
48 g Kohlenhydrate
6 g Ballaststoffe

- Zubereitungszeit: etwa 1 Stunde

**1.** Den Grünkern verlesen, mit dem Wasser, 1 Prise Salz und der Sojasauce in einen Topf geben und zum Kochen bringen. Den Grünkern etwa 5 Minuten leicht kochen, dann bei schwacher Hitze in 40–45 Minuten ausquellen lassen. Danach zum Auskühlen in eine Schüssel geben.

**2.** Den Zitronensaft mit dem Öl, dem Joghurt und 1 Prise Salz verrühren. Die Marinade mit dem Grünkern vermischen.

**3.** Den Käse in etwa 1 cm große Würfel schneiden. Die Birne und die Trauben waschen. Die Birne vierteln, vom Kerngehäuse befreien und fein würfeln. Die Trauben halbieren und gegebenenfalls entkernen.

**4.** Den Käse, die Birne und die Trauben mit dem Grünkern vermischen. Den Salat mit Salz und eventuell noch etwas Zitronensaft abschmekken. Die Zitronenmelisseblättchen darüber streuen.

# Südländischer Weizensalat »Taboule«

In diesen interessanten Sommersalat passen auch gewürfelte grüne Paprikaschoten und Schafkäse sehr gut. Er eignet sich übrigens auch zum Mitnehmen, zum Beispiel für ein Picknick oder für das Mittagessen am Arbeitsplatz.

*Zutaten für 4 Personen:*

- *400–450 ccm Wasser*
- *20 g Butter*
- *Salz*
- *1 Teel. Sojasauce*
- *200 g Couscous oder Bulgur*
- *4 Eßl. Zitronensaft*
- *schwarzer Pfeffer, frisch gemahlen*
- *4 Eßl. kaltgepreßtes, nicht raffiniertes Olivenöl*
- *1 Knoblauchzehe*
- *1 Schalotte*
- *4 Tomaten*
- *1/2 Gurke*
- *4 grüne Oliven*
- *4 schwarze Oliven*
- *1 Bund Zitronenmelisse*
- *1 Bund Petersilie*

## Für Gäste

Pro Portion etwa:
1900 kJ/450 kcal
7 g Eiweiß · 27 g Fett
43 g Kohlenhydrate
10 g Ballaststoffe

- Zubereitungszeit: etwa 30 Minuten

**1.** Das Wasser mit der Butter, etwa 1 Teelöffel Salz und der Sojasauce zum Kochen bringen. Den Couscous oder den Bulgur einrühren und zugedeckt auf der ausgeschalteten Platte oder bei schwacher Hitze in etwa 15 Minuten ausquellen lassen.

**2.** Inzwischen in einer Salatschüssel den Zitronensaft mit 1 Prise Salz, Pfeffer und dem Öl verrühren. Die Knoblauchzehe und die Schalotte fein schneiden und einrühren.

**3.** Die Tomaten waschen und in Würfel oder Spalten schneiden, dabei den Strunkansatz entfernen. Die Gurke waschen und gegebenenfalls schälen, dann in 1/2 cm kleine Würfel schneiden. Die Oliven fein schneiden. Die Kräuter abspülen, trockenschütteln und fein hacken. Alle Zutaten in die Schüssel geben.

**4.** Den Couscous oder den Bulgur mit zwei Gabeln lockern, zu den anderen Zutaten in die Schüssel geben und alles vermischen. Den Salat abschmecken. Wenn nötig, noch etwas Zitronensaft, Salz und Olivenöl einrühren. Den Salat möglichst etwas durchziehen lassen.

# Gemüsebrühe mit Grießklößchen

| |
|---|
| *Zutaten für 4 Personen:* |
| *40 g weiche Butter* |
| *1 Ei* |
| *100 g Dinkel oder Weizen, fein gemahlen oder Vollkorngrieß* |
| *50 g Hartkäse, frisch gerieben* |
| *50 g Quark* |
| *4 Eßl. Petersilie, frisch gehackt* |
| *Salz* |
| *Muskatnuß, frisch gerieben* |
| *1 l Gemüsebrühe* |

**Schnell • Für Gäste**

Pro Portion etwa:
1100 kJ/260 kcal
11 g Eiweiß · 15 g Fett
18 g Kohlenhydrate
3 g Ballaststoffe

- Zubereitungszeit: etwa 20 Minuten

**1.** Die Butter, das Ei, das Mehl oder den Grieß, den Käse, den Quark und die Hälfte der Petersilie in einer kleinen Schüssel verrühren. Mit Salz und Muskat würzen.

**2.** Die Gemüsebrühe zum Kochen bringen.

**3.** Aus der Grießmasse mit einem kleinen Löffel ovale Klößchen abstechen oder kleine Kugeln formen. Diese in die kochende Brühe geben. Die Klößchen bei schwacher Hitze 5 Minuten darin ziehen lassen. Die restliche Petersilie über die Suppe streuen.

# Hirsesuppe mit Sprossen

Verwenden Sie für diese Suppe unbedingt frische Mungobohnensprossen. Sie können diese in Gemüsegeschäften, in Naturkostläden und Reformhäusern kaufen oder in 4–5 Tagen selbst ziehen.

| |
|---|
| *Zutaten für 4 Personen:* |
| *100 g Hirse* |
| *1 1/4 l Gemüsebrühe* |
| *1 Knoblauchzehe* |
| *1 Schalotte* |
| *Salz* |
| *Muskatnuß, frisch gerieben* |
| *200 g Mungobohnensprossen (45 g ungekeimt)* |
| *40 g Butter* |
| *50 g Sahne* |
| *1 Bund Petersilie, frisch gehackt* |

**Schnell • Für Ungeübte**

Pro Portion etwa:
1000 kJ/240 kcal
7 g Eiweiß · 15 g Fett
19 g Kohlenhydrate
4 g Ballaststoffe

- Zubereitungszeit: etwa 35 Minuten

**1.** Die Hirse verlesen, in einem Sieb heiß abspülen. Dann mit der Gemüsebrühe in einem Topf zum Kochen bringen.

**2.** Die Knoblauchzehe und die Schalotte fein hacken und einrühren. Mit Salz und Muskat würzen.

**3.** Die Suppe zugedeckt bei mittlerer Hitze etwa 20 Minuten leicht kochen lassen.

**4.** Inzwischen die Sprossen verlesen und abspülen.

**5.** Wenn die Hirsekörner fast durchgequollen sind, die Sprossen in die Suppe geben und etwa 5 Minuten darin ziehen lassen. Falls zuviel Flüssigkeit verdampft ist, noch etwas Wasser nachgießen.

**6.** Die Suppe vom Herd nehmen, die Butter und die Sahne dazugeben. Die Suppe mit Salz und Muskat abschmekken, die Petersilie unterrühren.

## Tip!

Gemüsebrühe ist in der Vollwertkost anstelle von Fleischbrühe eine wichtige Grundlage für Suppen und Saucen. Sie können Sie aus Konzentraten (Würfel, Paste oder gekörnte Brühe) schnell herstellen. Achten Sie beim Kauf darauf, daß die Gemüsebrühe keine gehärteten Fette enthält. Wenn Sie Zeit haben, können Sie die Brühe aus gemischten Gemüsesorten oder -abschnitten selbst zubereiten.

*Im Bild vorne: Hirsesuppe mit Sprossen.*
*Im Bild hinten: Gemüsesupppe mit Grießklößchen.*

# Amaranth-Tomaten-Suppe

| |
|---|
| *Zutaten für 4 Personen:* |
| *3/4 l Gemüsebrühe* |
| *1 Teel. Miso* |
| *500–600 g reife Tomaten* |
| *80 g gedarrte Amaranthsamen, fein gemahlen (ersatzweise Reis, fein gemahlen)* |
| *Salz* |
| *1 Prise Zuckerrohrgranulat* |
| *1 Bund Basilikum* |
| *40 g Butter* |
| *Nach Belieben:* |
| *50 g Sahne* |

**Raffiniert**

Pro Portion etwa:
720 kJ/170 kcal
4 g Eiweiß · 14 g Fett
17 g Kohlenhydrate
3 g Ballaststoffe

- Zubereitungszeit: etwa 40 Minuten

**1.** Die Gemüsebrühe mit dem Miso zum Kochen bringen. Die Tomaten waschen und für 2–3 Minuten in den Topf legen; dann herausnehmen.

**2.** Das Amaranth- oder Reismehl in die Brühe streuen und alles etwa 5 Minuten bei mittlerer Hitze kochen lassen.

**3.** Die Haut der Tomaten abziehen und die Früchte würfeln, dabei den Stielansatz entfernen. Die Tomaten in die Suppe geben und 5 Minuten kochen lassen.

**4.** Die Suppe mit etwas Salz und dem Granulat würzen und abschmecken. Die Basilikumblätter waschen, fein hakken und über die Suppe streuen. Die Butter und eventuell die Sahne einrühren.

# Dinkelcremesuppe mit Zuckerschoten

Anstelle der Zuckerschoten schmecken Perlerbsen oder auch andere Gemüsesorten. Dinkel eignet sich besonders gut für diese cremige Suppe, da er sich sehr fein ausmahlen läßt.

| |
|---|
| *Zutaten für 4 Personen:* |
| *100 –150 g Zuckerschoten* |
| *1 kleine Möhre* |
| *100 g Champignons oder Austernpilze* |
| *20 g Butter* |
| *60 g Dinkel oder Weizen, fein gemahlen* |
| *1 l Wasser* |
| *1 Gemüsebrühwürfel* |
| *Salz* |
| *1 Prise Muskatnuß, frisch gerieben* |
| *50 g Sahne oder Crème fraîche* |
| *2–3 Eßl. Schnittlauch oder Petersilie, frisch geschnitten* |

**Raffiniert • Für Gäste**

Pro Portion etwa:
620 kJ/150 kcal
4 g Eiweiß · 9 g Fett
13 g Kohlenhydrate
4 g Ballaststoffe

- Zubereitungszeit: etwa 40 Minuten

**1.** Die Zuckerschoten waschen, wenn nötig, die Fäden abziehen und die Schoten in 2 cm breite Stücke schneiden. Die Möhre waschen, gegebenenfalls schälen und in feine Streifen schneiden. Die Pilze kurz unter fließendem Wasser abspülen, putzen und in 2 mm feine Scheiben schneiden.

**2.** Die Butter in einem Topf aufschäumen lassen. Das Dinkel- oder Weizenmehl dazugeben und unter ständigem Bewegen bei mittlerer Hitze 2–3 Minuten anschwitzen.

**3.** Das Wasser angießen. Den Gemüsebrühwürfel, 1 Prise Salz und Muskat einrühren. Die Zuckerschoten, die Möhren und die Pilze dazugeben. Die Suppe bei mittlerer Hitze zugedeckt etwa 5 Minuten leicht kochen lassen.

**4.** Die Sahne oder die Crème fraîche einrühren. Die Suppe abschmecken. Die Kräuter einrühren.

*Im Bild vorne: Dinkelcremesuppe mit Zuckerschoten.*
*Im Bild hinten: Amaranth-Tomaten-Suppe.*

# Linsencurry mit Getreide

Dieses fernöstlich inspirierte Getreide-Hülsenfrucht-Gericht hat eine besonders hochwertige Eiweißkombination!

*Zutaten für 4 Personen:*
*200 g Reis, Hafer, Grünkern, Dinkel, Weizen oder Gerste*
*200 g Linsen*
*1 l abgekochtes oder entkalktes Wasser*
*1–2 große Zwiebeln*
*3–4 cm Ingwerknolle*
*4 Knoblauchzehen*
*4 Eßl. Butterschmalz oder kaltgepreßtes, nicht raffiniertes Olivenöl*
*2 Eßl. Curry*
*1 Prise Koriander, frisch gemahlen*
*1 Teel. gekörnte Gemüsebrühe*
*1 Teel. Miso*
*1 Teel. Sojasauce*
*Salz*
*50 g Mandeln oder Cashewkerne*
*2 Bananen*
*2 Eßl. Weizen-, Luzerne- oder Kressesprossen*

**Für Gäste**
**Braucht etwas Zeit**

Pro Portion etwa:
2200 kJ/520 kcal
20 g Eiweiß · 28 g Fett
71 g Kohlenhydrate
10 g Ballaststoffe

- Einweichzeit: 1–2 Stunden oder über Nacht
- Zubereitungszeit: etwa 1 Stunde

**1.** Die Körner in einem Sieb abspülen und in eine Schüssel geben. Die Linsen verlesen, in stehendem Wasser waschen und oben schwimmende Hülsen entfernen. Die Linsen zu dem Getreide geben, das Wasser dazugießen und alles 1–2 Stunden oder über Nacht quellen lassen.

**2.** Die Zwiebeln fein würfeln. Die geschälte Ingwerknolle und die Knoblauchzehen in sehr feine Würfel schneiden.

**3.** Das Butterschmalz oder das Öl erhitzen und die Zwiebel darin glasig dünsten.

**4.** Den Ingwer, den Knoblauch und den Curry dazugeben. Bei schwacher Hitze 1–2 Minuten andünsten, bis sich das Aroma entwickelt.

**5.** Die eingeweichten Zutaten mit dem Einweichwasser dazugeben und alles einmal aufkochen lassen. Den Eintopf bei mittlerer Hitze 30–40 Minuten leicht köcheln lassen. Falls er zu stark kocht, noch Wasser nachgießen.

**6.** Überprüfen, ob die Körner und die Linsen weich sind. Ansonsten noch etwa 5 Minuten nachquellen lassen. Den Koriander, die Gemüsebrühe, das Miso und die Sojasauce einrühren. Mit Salz abschmecken.

**7.** Die Mandeln oder die Cashewkerne nach Belieben in einer Pfanne leicht anrösten.

**8.** Die Bananen schälen und in dünne Scheiben schneiden. Die Sprossen abspülen.

**9.** Das Curry in eine Schüssel oder auf Portionsteller geben. Mit den Bananenscheiben, den Mandeln oder den Cashewkernen und den Sprossen garnieren.

## Tip!

Sprossen von Getreide und anderen Samen sind vor allem im Winter und Vorfrühling eine sehr gute Ergänzung der täglichen Kost. Durch Ankeimen werden die Nährwerte der Körner und Samen noch gesteigert. Zum Ankeimen von Körnern/Samen brauchen Sie ein Einmachglas, Plastik- Fliegengitter und Gummiringe oder spezielle Keimgefäße. Die Samen werden zuerst einige Stunden eingeweicht, dann in das Keimgefäß gefüllt. Danach an einen warmen und hellen, aber nicht sonnigen Platz stellen und täglich zweimal durchspülen. Weizen braucht 2–3 Tage, Luzerne und Kresse 3–8 Tage.

*Durch die raffinierte Würze bekommt dieses hochwertige Vollkorngericht seine ganz besondere Note. Nüsse und Bananen runden es geschmacklich ab.*

# Gemüse mit Couscous

*Zutaten für 4 Personen:*
*200 g Möhren*
*200 g Kohlrabi*
*40–50 g Butter*
*400 ccm Gemüsebrühe*
*200 g Erbsen*
*200 g Couscous oder Bulgur*
*Salz*
*2 Eßl. beliebige Kräuter, frisch geschnitten*

**Preiswert • Schnell**

Pro Portion etwa:
1400 kJ/330 kcal
10 g Eiweiß · 11 g Fett
48 g Kohlenhydrate
5 g Ballaststoffe

- Zubereitungszeit: etwa 30 Minuten

**1.** Die Möhren waschen und gegebenenfalls schälen. Den Kohlrabi schälen. Beides in 2–3 mm feine Stifte schneiden.

**2.** Das Gemüse kurz in der Butter andünsten. Die Brühe angießen. Die Gemüsestifte bei mittlerer Hitze zugedeckt etwa 3 Minuten vorgaren.

**3.** Die Erbsen und den Couscous oder Bulgur einstreuen. Die Masse bei schwächster Hitze 8–10 Minuten köcheln lassen, ab und zu umrühren.

**4.** Den Couscous mit zwei Gabeln lockern und mit Salz abschmecken. Die Kräuter darüber streuen.

# Buchweizentopf mit Sommergemüse

*Zutaten für 4 Personen:*
*250 g grüne Bohnen*
*2 große Zwiebeln (etwa 200 g)*
*2 Knoblauchzehen*
*2 Eßl. kaltgepreßtes, nicht raffiniertes Olivenöl*
*150 g Buchweizen*
*1/2 l Gemüsebrühe*
*1 Teel. Miso oder Sojasauce*
*Salz und Streuwürze*
*weißer Pfeffer, frisch gemahlen*
*500 g Tomaten*
*250 g Zucchini*
*1 grüne Paprikaschote*
*1 Eßl. frische Thymian- oder Boh-Bohnenkrautblättchen oder*
*2–3 Salbeiblätter, frisch gehackt*
*2–3 Eßl. Crème fraîche*

**Für Ungeübte**

Pro Portion etwa:
1600 KJ/380 kcal
10 g Eiweiß · 19 g Fett
41 g Kohlenhydrate
7 g Ballaststoffe

- Zubereitungszeit: etwa 45 Minuten

**1.** Die Bohnen waschen, putzen und in 2–3 cm lange Stücke schneiden. Die Zwiebeln und die Knoblauchzehen fein schneiden.

**2.** Das Öl in einem mittelgroßen Topf erhitzen. Die Zwiebeln und den Knoblauch darin andünsten.

**3.** Den Buchweizen hinzufügen und 1–2 Minuten leicht anrösten. Die Bohnen dazugeben, die Gemüsebrühe angießen, das Miso oder die Sojasauce einrühren. Den Eintopf mit Salz, Streuwürze und Pfeffer würzen und zugedeckt bei schwacher Hitze etwa 10 Minuten garen. Dabei gelegentlich umrühren.

**4.** Inzwischen die Tomaten waschen und 2–3 Minuten auf die kochende Eintopfmasse legen. Die abgekühlten Tomaten häuten und kleinschneiden, den Strunk entfernen.

**5.** Die Zucchini waschen, putzen und in 1/2 cm dicke Scheiben schneiden. Die Paprikaschote waschen, putzen und in 1/2 cm breite Streifen schneiden.

**6.** Die Tomaten, die Zucchini und die Paprikastreifen unter den Eintopf mischen. Die Hälfte des Thymians, des Bohnenkrauts oder des Salbeis einrühren. Den Eintopf bei schwacher Hitze 7–10 Minuten köcheln lassen. Eventuell Wasser nachgießen.

**7.** Den Topf vom Herd nehmen. Die Crème fraîche unter den Eintopf rühren, die restlichen Kräuter darüber streuen.

*Im Bild vorne: Buchweizentopf mit Sommergemüse.*
*Im Bild hinten: Gemüse mit Couscous.*

# Crêpes mit Kräuter-Sprossensauce

| |
|---|
| *Zutaten für 4 Personen:* |
| *Für die Crêpes:* |
| *200 g Dinkel oder Weizen, fein gemahlen* |
| *2 Eier* |
| *Salz* |
| *1/2 l kohlensäurehaltiges Mineralwasser (oder halb Wasser, halb Milch)* |
| *Für die Sauce:* |
| *1 Zwiebel* |
| *2–3 Knoblauchzehen* |
| *40 g Butter* |
| *30–40 g Naturreis, Dinkel oder Weizen, fein gemahlen (3–4 Eßl.)* |
| *1/2 l Milch* |
| *1 Gemüsebrühwürfel* |
| *100 g Sahne oder Crème fraîche* |
| *100–150 g frische Kräuter, zum Beispiel Schnittlauch, Petersilie, Thymian, Zitronenmelisse, Estragon oder Basilikum* |
| *100 g Kresse- oder Luzernesprossen* |
| *Zum Braten:* |
| *ungehärtetes Kokosfett oder Öl* |

**Braucht etwas Zeit**
**Für Gäste**

Pro Portion etwa:
2400 kJ/570 kcal
18 g Eiweiß · 35 g Fett
48 g Kohlenhydrate
4 g Ballaststoffe

- Zubereitungszeit: etwa 1 Stunde

**1.** Für den Teig das Dinkel- oder Weizenmehl mit den Eiern, 1 Teelöffel Salz und dem Mineralwasser oder dem Wasser und der Milch zu einem dünnflüssigen Teig verrühren. Den Teig mindestens 30 Minuten quellen lassen.

**2.** Inzwischen für die Sauce die Zwiebel und die Knoblauchzehen fein würfeln. Die Butter in einem kleinen Topf aufschäumen lassen. Die Zwiebel und den Knoblauch darin leicht andünsten.

**3.** Das Reis-, Dinkel- oder Weizenmehl einrühren, die Milch angießen und die Sauce unter gelegentlichem Rühren bei mittlerer Hitze etwa 5 Minuten leicht kochen lassen.

**4.** Den Gemüsebrühwürfel einrühren. Die Sahne oder die Crème fraîche angießen und die Sauce weitere 1–2 Minuten leicht kochen lassen.

**5.** Die Kräuter waschen, trockenschütteln und fein hacken. Die Sprossen verlesen, abspülen und ebenfalls fein hacken.

**6.** Den Topf von der Kochstelle nehmen. Die Kräuter und die Sprossen unter die Sauce rühren.

**7.** Für die Crêpes den Backofen auf 50° (Gas 1/2) einstellen und einen Teller hineinstellen.

**8.** In einer Pfanne wenig Kokosfett oder Öl erhitzen. Mit einer Schöpfkelle etwas Teig in die schräggehaltene Pfanne einlaufen und durch Drehen verlaufen lassen. Nacheinander 8 dünne Pfannkuchen auf beiden Seiten goldbraun braten, dann zum Warmhalten auf den Teller in den Backofen legen.

**9.** Die Sauce nochmals kurz anwärmen, dabei nicht mehr kochen lassen! Die Sauce sollte dickflüssig sein, eventuell noch etwas Milch oder Sahne nachgießen. Die Pfannkuchen mit der Sauce servieren.

## Tip!

Für die Zubereitung von Saucen verwende ich sehr gerne Reismehl, da es sich sehr fein vermahlen läßt und kaum Kleieteile enthält, so daß gerade helle Saucen auch optisch gut aussehen. Reismehl können Sie sehr vielseitig beim Kochen verwenden, zum Beipiel als Ersatz für Stärkemehl oder zum Dicken von Saucen. Sie können das Mehl einfach einrühren, da es nicht klumpt. Zusätzlich hat es den Vorteil, daß es glutenfrei ist, was für Zöliakie-Diät wichtig ist.

*Eine besonders feine Kombination, über die sich Ihre Gäste sicher freuen werden.*

# Risotto mit Fenchel

Dieses klassische italienische Rezept schmeckt als Hauptgericht oder in kleinerer Menge als Beilage zu Gebratenem.

| |
|---|
| *Zutaten für 4 Personen:* |
| *200 g Rundkorn-Naturreis* |
| *1 Zwiebel* |
| *40 g Butter* |
| *1/2 l Gemüsebrühe* |
| *2 mittelgroße Fenchelknollen* |
| *50 ccm Apfelwein, Weißwein* |
| *oder 1 Teel. Zitronensaft* |
| *Salz* |
| *1 Teel. Fenchelsamen* |
| *1 Döschen Safranpulver (125 mg)* |
| *50 g Parmesan, frisch gerieben* |
| *Streuwürze* |
| *1 Eßl. Zitronenmelisseblättchen* |

**Für Ungeübte**
**Raffiniert**

Pro Portion etwa:
970 kJ/230 kcal
12 g Eiweiß · 13 g Fett
36 g Kohlenhydrate
4 g Ballaststoffe

- Zubereitungszeit: etwa 1 1/4 Stunden

**1.** Den Reis verlesen, in einem Sieb abspülen und abtropfen lassen.

**2.** Die Zwiebel fein schneiden. Die Hälfte der Butter in einem Topf aufschäumen lassen. Die Zwiebel darin goldgelb braten.

**3.** Den Reis dazugeben und etwa 2 Minuten dünsten, bis er glasig ist.

**4.** Die Gemüsebrühe angießen. Den Risotto zugedeckt bei schwacher Hitze etwa 40 Minuten kochen lassen.

**5.** Inzwischen die Fenchelknollen gründlich waschen. Unschöne Stellen abschneiden. Die Knollen längs halbieren und in 1/2 cm breite Streifen schneiden. Das Fenchelgrün beiseite legen.

**6.** In einem zweiten Topf die Fenchelstreifen mit dem Apfelwein, dem Wein oder dem Zitronensaft und etwa 1 Tasse Wasser aufkochen. Mit Salz und Fenchelsamen würzen. Den Fenchel zugedeckt bei mittlerer Hitze in 15–20 Minuten nicht ganz weich garen.

**7.** Den Safran unter den Reis rühren. Die Fenchelstreifen untermischen.

**8.** Die restliche Butter und den Parmesan dazugeben. Den Risotto mit Salz und Streuwürze abschmecken. Das Fenchelgrün und die Zitronenmelisse hacken und überstreuen.

**Varianten:**
Statt Fenchel können Sie für den Risotto auch Zucchini verwenden, die Sie in etwa 1/2 cm dicke Scheiben schneiden. Oder Sie versuchen das Gericht einmal mit Pilzen. Gut schmecken Champignons, Austernpilze oder auch Waldpilze. Die Pilze werden ebenfalls in etwa 1/2 cm dicke Scheiben oder Stücke geschnitten und in Butter angebraten, bevor sie unter den Reis gemischt werden.

## Tip!

Safran ist ein edles Gewürz von milder Schärfe. Zur Gewinnung von 1 kg Safran sind die Samenfäden von etwa 100 000 Blüten der Safranpflanze (einer Schwertlilienart) nötig; das erklärt den hohen Preis. Safran gibt es als Pulver oder Fäden.

*Das Lieblingsgericht der Mailänder, mit aromatischem Fenchel leicht verwandelt.*

# Dinkel-Haselnuß-Bratlinge

Schrotbrei für Bratlinge soll geschmeidig, aber nicht zu weich sein. Ist dies doch einmal der Fall, können Sie ihn durch die Zugabe von 1–2 Eßlöffeln feingemahlenem Weizen fester machen.

*Zutaten für 4 Personen:*
*Für die Küchlein:*
*440 ccm Wasser*
*1/2 Gemüsebrühwürfel*
*1 Teel. Miso*
*2 Teel. Sojasauce*
*1 Knoblauchzehe*
*200 g Dinkel, grießartig geschrotet*
*100 g Haselnüsse, grob gehackt*
*2 kleine Eier oder 1 großes Ei*
*Salz*
*Muskatnuß, frisch gerieben*
*weißer Pfeffer, frisch gemahlen*
*Streuwürze*
*Zum Braten: ungehärtetes Kokosfett*
*Für die Sauce:*
*40 g Butter*
*20 g Reis, fein gemahlen*
*400 ccm Milch oder Gemüsebrühe*
*100 g Emmentaler oder Parmesan frisch gerieben*
*Salz*
*Muskatnuß, frisch gerieben*

## Raffiniert

Pro Portion etwa:
2500 kJ/600 kcal
24 g Eiweiß · 39 g Fett
42 g Kohlenhydrate
6 g Ballaststoffe

- Zubereitungszeit: etwa 1 Stunde

**1.** Das Wasser in einem Topf mit dem Gemüsebrühwürfel, dem Miso und der Sojasauce zum Kochen bringen. Dabei alles gründlich verrühren. Die Knoblauchzehe durch eine Knoblauchpresse drücken und dazugeben.

**2.** Den Dinkelschrot sofort in die kochende Brühe einrühren. Die Platte zurückschalten und den Schrot bei schwacher Hitze zugedeckt in etwa 20 Minuten ausquellen lassen. Den Schrotbrei dabei gelegentlich umrühren, damit er nicht anhängt.

**3.** Den Schrotbrei von der Kochstelle nehmen und leicht auskühlen lassen.

**4.** Die Nüsse und die Eier unter die Dinkelmasse rühren. Mit 1 Prise Salz, Muskat, Pfeffer und Streuwürze würzen und abschmecken.

**5.** Etwas Kokosfett in einer Pfanne erhitzen. Mit angefeuchteten Händen etwa 12 Küchlein formen und diese portionsweise auf beiden Seiten bei mittlerer Hitze goldbraun braten. Die gebratenen Küchlein jeweils (eventuell bei 50° im Backofen) warm halten.

**6.** Gleichzeitig für die Sauce die Butter aufschäumen lassen. Das Reismehl einstreuen und die Milch einrühren. Die Sauce bei mittlerer Hitze etwa 5 Minuten leicht kochen lassen. Den Käse einrühren. Die Sauce mit Salz und Muskat abschmecken.

## Tip!

Miso und Sojasauce stammen aus der asiatischen Küche und sind eiweiß- und mineralstoffreiche Allzweckgewürze, die einen hohen gesundheitlichen Wert haben. Miso wird aus Sojabohnen, Getreide und Salz in einem langwierigen Fermentationsverfahren hergestellt. Es enthält neben hochwertigem Eiweiß unter anderem wertvolle Hefen und Enzyme, die sich günstig auf die Verdauung auswirken können. Außerdem hat Miso in der chinesischen Volksmedizin große Bedeutung. Miso enthält das essentielle Vitamin $B_{12}$, das nur in ganz wenigen pflanzlichen Produkten vorkommt.
Sojasauce wird aus in Salz vergorenen Sojabohnen gewonnen. Man unterscheidet 2 Arten: »Tamari« besteht aus Wasser und Salz, »Shoyu« enthält zusätzlich Getreide.

*Diese knusprigen Bratlinge schmekken auch mit Weizen, Hafer, Roggen, Buchweizen oder Grünkern.*

# Wirsing-spätzle mit Pilzen

| |
|---|
| *Zutaten für 4 Personen:* |
| *400 g Dinkel oder je 200 g Dinkel und Weizen, sehr fein gemahlen* |
| *Salz* |
| *1 Prise Muskatnuß, frisch gerieben* |
| *2–3 Eier* |
| *250–300 ccm kohlensäurehaltiges Mineralwasser* |
| *500 g Wirsing* |
| *200 g Pfifferlinge oder Champignons* |
| *1 große Zwiebel* |
| *40–60 g Butter* |
| *1/2 Teel. Kümmelkörner* |
| *1 Eßl. kaltgepreßtes, nicht raffiniertes Öl* |
| *1 Bund Petersilie , frisch gehackt* |

## Braucht etwas Zeit

Pro Portion etwa:
2400 kJ/570 kcal
21 g Eiweiß · 23 g Fett
70 g Kohlenhydrate
13 g Ballaststoffe

- Zubereitungszeit: etwa 1 Stunde 10 Minuten

**1.** Das Mehl in eine Rührschüssel geben. 1 gestrichenen Teelöffel Salz, den Muskat und die Eier hinzufügen. So viel Mineralwasser einrühren, daß ein geschmeidiger, nicht zu weicher Teig entsteht. Den Teig mit dem Rührlöffel oder den Knethaken des Rührgerätes so lange durchschlagen, bis er Blasen wirft. Dann 20–30 Minuten quellen lassen.

**2.** Inzwischen von dem Wirsingkopf unschöne Blätter entfernen. Den Kopf halbieren und den Strunk keilförmig herausschneiden. Den Wirsing in 1/2 cm feine Streifen schneiden.

**3.** Die Pilze kurz unter fließendem Wasser waschen, putzen und vierteln.

**4.** Die Zwiebel fein schneiden. Die Butter in einer großen Pfanne aufschäumen lassen. Die Zwiebel darin bei mittlerer Hitze hellbraun braten.

**5.** Die Pilze zu den Zwiebeln geben und 1–2 Minuten anbraten.

**6.** Den Wirsing dazugeben und mit Salz und Kümmel würzen. Bei schwacher Hitze etwa 10 Minuten dünsten.

**7.** Gleichzeitig in einem großen Topf etwa 2 l Wasser mit 1 Prise Salz und dem Öl zum Kochen bringen.

**8.** Den gequollenen Spätzleteig nochmal durchschlagen. Er sollte geschmeidig und weich sein; eventuell noch etwas Mineralwasser unterrühren.

**9.** Einen Teil des Teiges auf das nasse Spatzenbrett streichen. Mit einem Spatzenschaber oder einem großen Messer etwa 1/2 cm breite Streifen in das kochende Wasser schaben. Oder den Teig durch eine Spätzlepresse oder einen Spätzlehobel ins Wasser geben. Die Spätzle, wenn sie hochsteigen, noch einmal kurz aufkochen lassen, dann mit einem Schaumlöffel herausnehmen und in ein Sieb geben. Die Spätzle mit kaltem Wasser abschrecken, durchschütteln und abtropfen lassen. Den restlichen Teig ebenso verarbeiten.

**10.** Die abgetropften Spätzle mit dem Wirsing und den Pilzen vermischen. Die Petersilie darüber streuen.

## Tip!

Sie können – wie auf dem Foto gezeigt – die Spätzle vor dem Servieren zusätzlich mit frisch gerösteten Sonnenblumenkernen bestreuen.

**Varianten:**
Die Spätzle schmecken auch gut, wenn Sie sie nach dem Garen nur kurz in Knoblauchbutter schwenken. Dazu schmeckt dann Salat. Oder Sie bereiten die Spätzle statt mit Wirsing und Pilzen mit gedünstetem Sauerkraut zu.

*Eine wahre Delikatesse der Vollkornküche – selbstgemachte Spätzle mit würzigem Gemüse.*

# Dinkel mit Spinatsahne

Statt mit Spinat können Sie dieses Rezept auch mit Zucchinischeiben oder Lauchstreifen zubereiten.

| |
|---|
| *Zutaten für 4 Personen:* |
| *200 g Dinkel* |
| *400–500 ccm Wasser* |
| *Salz* |
| *500 g Spinat* |
| *1 Zwiebel* |
| *1–2 Knoblauchzehen* |
| *40 g Butter* |
| *200 g Sahne oder Milch* |
| *Muskatnuß, frisch gerieben* |
| *50 g Parmesan, frisch gerieben* |
| *1 Bund Petersilie, frisch gehackt* |

**Preiswert**
**Für Ungeübte**

Pro Portion etwa:
2000 kJ/480 kcal
15 g Eiweiß · 29 g Fett
36 g Kohlenhydrate
7 g Ballaststoffe

- Einweichzeit: 2–3 Stunden
- Zubereitungszeit: etwa 1 Stunde

**1.** Den Dinkel verlesen, mit dem Wasser in einen Topf geben und zugedeckt 2–3 Stunden einweichen. Danach die Körner mit 1 Prise Salz etwa 5 Minuten leicht aufkochen, anschließend zugedeckt bei schwacher Hitze in 20–30 Minuten ausquellen lassen.

**2.** Inzwischen den Spinat putzen, waschen und in Streifen schneiden oder hacken.

**3.** Die Zwiebel und den Knoblauch getrennt fein schneiden. Die Butter in einem Topf erhitzen und die Zwiebel darin leicht andünsten.

**4.** Den Knoblauch und den Spinat dazugeben. Die Sahne oder die Milch aufgießen und den Spinat zugedeckt etwa 5 Minuten bei mittlerer Hitze dünsten lassen.

**5.** Den Dinkel einrühren. Mit Salz, Muskat und dem Käse abschmecken. Die Petersilie untermischen.

# Nudeln mit Zitrone

| |
|---|
| *Zutaten für 4 Personen:* |
| *2 l Wasser* |
| *Salz* |
| *3–4 Eßl. kaltgepreßtes, nicht* |
| *raffiniertes Olivenöl* |
| *250 g schmale Vollkorn-Bandnudeln* |
| *oder Spaghetti* |
| *2 unbehandelte Zitronen* |
| *6–8 Zweige Zitronenthymian oder* |
| *Thymian* |
| *6–8 Blättchen Zitronenmelisse* |

**Preiswert • Für Gäste**

Pro Portion etwa:
1600 kJ/380 kcal
9 g Eiweiß · 21 g Fett
40 g Kohlenhydrate
5 g Ballaststoffe

- Zubereitungszeit: etwa 30 Minuten

**1.** Das Wasser mit 1 Prise Salz und 1 Eßlöffel Öl zum Kochen bringen. Die Nudeln in das sprudelnde Wasser geben und unter gelegentlichem Umrühren in etwa 7 Minuten nicht zu weich kochen.

**2.** Inzwischen die Zitronen heiß abwaschen. Die Schalen abreiben.

**3.** Den Thymian und die Zitronenmelisse waschen und trockenschütteln. Die Blätter abstreifen und gegebenenfalls fein hacken.

**4.** Die Nudeln in ein Sieb gießen und mit kaltem Wasser abschrecken.

**5.** Das restliche Olivenöl in einer Pfanne erhitzen. Die Hälfte der Zitronenschale bei mittlerer Hitze 1 Minute darin anbraten. Dann die Nudeln und die restliche Zitronenschale hineingeben.

**6.** Den (Zitronen-) Thymian und die Zitronenmelisse untermischen. Die Nudeln mit Salz abschmecken.

*Bild oben: Dinkel mit Spinatsahne.*
*Bild unten: Nudeln mit Zitrone.*

# Zucchini-Thymian-Pfannkuchen

*Zutaten für 8 Pfannkuchen (4 Personen):*
*200 g Dinkel oder Weizen, sehr fein gemahlen*
*2 Eier*
*Salz*
*1/2 l Milch*
*1 Eßl. kaltgepreßtes, nicht raffiniertes Sonnenblumenöl*
*2 Knoblauchzehen*
*250 g Zucchini*
*2–3 Thymianzweige*
*2–3 Eßl. Sesamsamen*
*1 Eßl. Gomasio (siehe Tip)*
*Muskat, frisch gerieben*
*Zum Braten: ungehärtetes Kokosfett oder Öl*

**Preiswert**

Pro Portion etwa:
2200 kJ/520 kcal
18 g Eiweiß · 32 g Fett
40 g Kohlenhydrate
6 g Ballaststoffe

- Zubereitungszeit: etwa 50 Minuten

**1.** Für den Teig das Dinkel- oder das Weizenmehl mit den Eiern, 1 Prise Salz, der Milch und dem Öl verrühren. Den Teig mindestens 30 Minuten quellen lassen.

**2.** Inzwischen die Knoblauchzehen durch die Knoblauchpresse drücken und unter den Teig rühren.

**3.** Die Zucchini waschen, die Stiel- und Blütenansätze abschneiden und die Zucchini mittelgrob raspeln oder in Stifte schneiden. Die Zucchini unter den Teig mischen.

**4.** Den Thymian waschen und trockenschütteln. Die Blättchen von den Stielen streifen und bis auf einen kleinen Rest unter den Teig rühren.

**5.** Die Sesamsamen in einer Pfanne unter Rühren bei mittlerer Hitze in 2–3 Minuten goldbraun rösten.

**6.** Den Sesam und das Gomasio unter den Teig mengen. Mit Salz und Muskat abschmecken.

**7.** Zum Warmhalten der Pfannkuchen den Backofen auf 50° (Gas 1/2) einschalten und einen Teller hineinstellen.

**8.** Etwas Kokosfett oder Öl möglichst in 2 Pfannen erhitzen. Mit einem Schöpflöffel etwas Teig in die schräggehaltene Pfanne einlaufen und durch Drehen verlaufen lassen. Den Deckel auflegen und die erste Seite der Pfannkuchen bei mittlerer Hitze in 2–3 Minuten goldbraun braten.

**9.** Den Pfannkuchen wenden und die zweite Seite offen braten. Die Pfannkuchen zum Warmhalten auf dem Teller in den Backofen stellen.

**10.** Wenn alle Pfannkuchen gebraten sind, den restlichen Thymian darüber streuen und die Pfannkuchen servieren. Dazu paßt ein saftiger Salat.

**Varianten:**
Sie können statt Zuchini auch Spinat (fein gehackt) oder Lauch (in feine Streifen geschnitten) verwenden. Das Gemüse in etwas Butter kurz dünsten, dann unter den Teig mischen.

## Tip!

Thymian können Sie gut im Garten oder auf dem Balkon anpflanzen. Besonders dekorativ sehen dieses und andere Gerichte aus, wenn Sie auch die blühenden Zweige mitverwenden! Statt frischem Thymian können Sie 1 Tropfen Thymianöl verwenden
Gomasio ist eine Würzmischung aus ungeschältem gemahlenem Sesam, der zusammen mit Meersalz geröstet wird. Gomasio läßt sich auch leicht selbst herstellen: grob gemahlenen Sesam und Meersalz im Verhältnis 10:1 in einer Pfanne bei mittlerer Hitze unter Rühren so lange rösten, bis der Sesam goldbraun wird.

*Bei Groß und Klein beliebt: knusprige Pfannkuchen mit buntem Salat.*

# Grünkernküchlein mit Möhrensauce

Wenn Sie möchten, können Sie als zusätzliche Beilage zu diesem Grünkerngericht Zuckererbsen, Blattspinat oder Zucchini servieren! Anstelle der Möhrensauce paßt auch eine Käsesauce dazu.

*Zutaten für 4 Personen:*

*Für die Küchlein:*
*1/2 l Wasser*
*2 Teel. Sojasauce*
*Salz*
*1/2 Gemüsebrühwürfel*
*1 Lorbeerblatt, fein zerrieben*
*4 Knoblauchzehen*
*250 g Grünkern, mittelgrob geschrotet*
*2–3 Teel. Rosmarinnadeln*
*250 g Zucchini*
*1 Zwiebel (200 g)*
*1–2 Eßl. kaltgepreßtes, nicht raffiniertes Olivenöl*
*weißer Pfeffer, frisch gemahlen*
*3–4 Eßl. Gomasio*
*1 Ei*

*Für die Sauce:*
*500 g Möhren*
*1/4 l Gemüsebrühe*
*100–150 g Sahne*
*50 g Butter*
*Salz*
*Muskatnuß, frisch gerieben*
*1–2 Teel. frische Thymianblättchen*

*Zum Braten:*
*ungehärtetes Kokosfett oder Öl*

**Raffiniert • Für Gäste**

Pro Portion etwa:
3000 kJ/710 kcal
15 g Eiweiß · 47 g Fett
58 g Kohlenhydrate
9 g Ballaststoffe

- Zubereitungszeit: etwa 45 Minuten

**1.** Das Wasser mit der Sojasauce, 1 Prise Salz, dem Gemüsebrühwürfel und dem Lorbeerblatt verrühren. Die Knoblauchzehen durch die Knoblauchpresse in den Topf drücken. Das Wasser zum Kochen bringen. Den Grünkernschrot einrühren und die Hitze zurückschalten.

**2.** Die Rosmarinnadeln bis auf einen kleinen Rest fein schneiden. Die Hälfte des Rosmarins zu den Zutaten in den Topf geben. Den Deckel auflegen und den Schrot bei schwacher Hitze oder auf der ausgeschalteten Kochplatte in 20 Minuten zu einer festen Masse ausquellen und dann leicht auskühlen lassen.

**3.** Die Zucchini waschen, von Stiel- und Blütenansätzen befreien und in feine Stifte (Julienne) schneiden oder hobeln.

**4.** Die Zwiebel fein würfeln. Das Olivenöl in einer Pfanne erhitzen und die Zwiebel darin goldgelb andünsten. Die Zucchinistifte zu den Zwiebeln geben und für 1–2 Minuten mitdünsten.

**5.** Den Grünkernschrotbrei mit Salz, Pfeffer und dem Gomasio würzen. Das Ei, den restlichen gehackten Rosmarin sowie die angedünsteten Zwiebeln und Zucchini einrühren und abschmecken. Die Masse soll kräftig schmecken.

**6.** Mit nassen Händen etwa 24 kleine Küchlein formen. Die Küchlein möglichst in 2 Pfannen in Kokosfett oder Öl auf beiden Seiten bei schwacher bis mittlerer Hitze goldbraun braten.

**7.** Inzwischen für die Sauce die Möhren waschen, wenn nötig, schälen oder schaben und mittelgrob raspeln oder fein stifteln. Die Möhren mit der Gemüsebrühe in einen hohen Topf geben und 5–7 Minuten zugedeckt bei mittlerer Hitze kochen lassen. Die Sahne angießen, die Butter dazugeben und die Sauce mit einem Mixstab pürieren. Mit Salz und Muskat abschmekken. Den Thymian einrühren.

**8.** Die restlichen Rosmarinnadeln gegen Ende der Bratzeit zu den Küchlein in die Pfanne geben. Die Küchlein mit der Sauce auf Tellern anrichten und servieren.

*Bei vielen gilt Grünkern als eine der aromatischsten Getreidesorten – die Küchlein bestätigen diese Ansicht.*

# Maultaschen mit Spinat-Tofu-Füllung

*Zutaten für 4 Personen:*
*Für die Maultaschen:*
*250 g Dinkel, ersatzweise Hartweizen oder Weizen, sehr fein gemahlen*
*2 Eigelb*
*Salz*
*7–9 Eßl. Wasser*
*1 Zwiebel*
*2 Knoblauchzehen*
*250 g Spinat*
*50 g Egerlinge*
*20 g Butter*
*100 g Tofu*
*3–4 Eßl. Gomasio*
*Muskatnuß, frisch gerieben*
*1 Bund Petersilie, frisch gehackt*
*Für die Sauce:*
*40 g Butter*
*15 g Naturreis, fein gemahlen (1 1/2 Eßl.)*
*100 ccm Gemüsebrühe*
*200 g Sahne*
*200 g Egerlinge*
*1 Knoblauchzehe*
*50 g Parmesan, fein gerieben*
*Zum Bestreichen:*
*1 Eiweiß*

**Braucht etwas Zeit**
**Für Gäste**

Pro Portion etwa:
2700 kJ/640 kcal
23 g Eiweiß · 42 g Fett
49 g Kohlenhydrate
6 g Ballaststoffe

- Zubereitungszeit: etwa 1 1/4 Stunden

**1.** Das Mehl auf ein Brett geben. Die Eigelbe mit 1 knappen Teelöffel Salz und der Hälfte des Wassers verrühren und unter das Mehl mengen. Eßlöffelweise noch so viel Wasser unterarbeiten, daß ein geschmeidiger, nicht klebender Teig entsteht. Den Teig in Folie packen und mindestens 30 Minuten ruhen lassen.

**2.** Inzwischen für die Füllung die Zwiebel und die Knoblauchzehen fein hacken. Den Spinat putzen, waschen und auf einem großen Brett fein schneiden. Die Pilze unter fließendem Wasser kurz abspülen, putzen und fein hacken.

**3.** Die Butter bei mittlerer Hitze aufschäumen lassen. Die Zwiebel und den Knoblauch darin leicht andünsten. Die Pilze dazugeben und kurz anbraten. Den Tofu abtropfen lassen, fein hacken, dazugeben und 1–2 Minuten mit den Zwiebeln und den Pilzen leicht braten.

**4.** Den Spinat dazugeben. Die Masse bei mittlerer Hitze etwa 5 Minuten leicht kochen lassen, bis die Flüssigkeit verdampft ist. Das Gomasio, 1 Prise Muskatnuß und die Petersilie einrühren. Die Füllung abschmecken und leicht abkühlen lassen.

**5.** Den Teig zu einem 1–2 mm dünnen Rechteck ausrollen. Eine Hälfte davon mit Eiweiß bestreichen. Restliches Eiweiß unter die Füllung mischen. Unbestrichenen Teig im Abstand von 5 cm mit je 1 Eßlöffel Füllung belegen. Bestrichenen Teig darüber klappen und andrücken. Maultaschen ausschneiden.

**6.** In einem Topf 2 l Wasser mit 1 Teelöffel Salz zum Kochen bringen. Die Maultaschen darin bei mittlerer Hitze 5–7 Minuten ziehen lassen. Inzwischen für die Sauce die Butter schmelzen lassen. Das Reismehl, die Gemüsebrühe und die Sahne einrühren und 2–3 Minuten köcheln lassen.

**7.** Die Pilze abspülen, putzen und in feine Scheiben schneiden. Den Knoblauch durch die Presse in die Sauce drükken. Die Pilze unterrühren. Die Sauce etwa 5 Minuten bei mittlerer Hitze köcheln lassen. Wenn nötig noch etwas Brühe angießen. Den Käse einrühren. Die Sauce abschmecken.

**8.** Die Maultaschen mit einem Schaumlöffel aus dem Kochwasser heben und auf vorgewärmte, tiefe Teller geben. Die Pilzsauce darüber verteilen und die Maultaschen sofort servieren.

## Tip!

Tofu ist ein pflanzlicher Quark aus Sojabohnen. Er ist cholesterinfrei, enthält hochwertiges Eiweiß und ist leicht verdaulich. Sein Geschmack ist mild-neutral, Tofu kann daher für salzige und süße Speisen gleichermaßen verwendet werden. Tofu können Sie im Reformhaus oder Naturkostladen frisch, vakuumverpackt oder sterilisiert kaufen.

# Buchweizen-gnocchi mit Kräutersauce

Zu diesen Gnocchi paßt auch sehr gut Tomatensauce.

*Zutaten für 4 Personen:*
*Für die Gnocchi:*
*1/2 l Gemüsebrühe*
*2 Knoblauchzehen*
*250 g Buchweizen, grießartig geschrotet*
*100 g Emmentaler, frisch gerieben*
*2 Eßl. Dinkel oder Weizen, fein gemahlen*
*1 Ei*
*Salz*
*weißer Pfeffer, frisch gemahlen*
*1/2 Bund Schnittlauch oder Petersilie*
*Für die Sauce:*
*20 g Butter*
*20–30 g Naturreis oder Dinkel, fein gemahlen (2–3 Eßl.)*
*250–300 ccm Gemüsebrühe*
*100–150 g Sahne*
*3–4 Knoblauchzehen*
*Salz*
*Streuwürze*
*1 Prise Schabziegerklee*
*1–2 Bund Schnittlauch, Petersilie, Dill, eine Sorte oder gemischt*

## Raffiniert • Für Gäste

Pro Portion etwa:
2200 kJ/520 kcal
21 g Eiweiß · 27 g Fett
54 g Kohlenhydrate
2 g Ballaststoffe

- Zubereitungsszeit: etwa 45 Minuten

**1.** Die Gemüsebrühe zum Kochen bringen. Die Knoblauchzehen durch eine Knoblauchpresse in die Brühe drücken. Den Buchweizenschrot einstreuen, gründlich durchrühren und dann bei schwacher Hitze zugedeckt etwa 15 Minuten quellen lassen. Danach leicht abkühlen lassen.

**2.** Inzwischen für die Sauce die Butter in einem kleinen Topf aufschäumen lassen. Das Reis- oder Dinkelmehl etwa 1 Minute darin anschwitzen.

**3.** Die Gemüsebrühe und die Sahne aufgießen. Die Knoblauchzehen durch die Presse in die Sauce drücken, diese 7–10 Minuten bei schwacher Hitze kochen lassen.

**4.** Inzwischen den Käse, das Dinkel- oder Weizenmehl und das Ei unter den abgekühlten Buchweizenbrei rühren. Mit Salz und Pfeffer würzen. Der Teig soll kräftig schmecken.

**5.** Den Schnittlauch oder die Petersilie waschen und fein schneiden. Die Kräuter einrühren. Die Masse soll geschmeidig sein. Wenn nötig, noch etwas Wasser einrühren.

**6.** 1 1/2–2 l Wasser in einem großen Topf zum Kochen bringen. Dann die Hitze zurückschalten. Mit einem Eßlöffel kleine Klößchen von der Masse abstechen und diese in die siedende Flüssigkeit gleiten lassen. Die Gnocchi 3–5 Minuten darin ziehen lassen. Wenn sie oben schwimmen, die Gnocchi herausheben, abtropfen lassen und in eine Schüssel geben.

**7.** Die Sauce mit Salz, Streuwürze und Schabziegerklee würzen.

**8.** Die Kräuter für die Sauce waschen, sehr fein hacken und einrühren. Die Sauce abschmecken. Die Sauce zu den

## Tip!

Damit die Gnocchi ihre Form behalten, ist es wichtig, daß sie nicht kochen und nicht zu lange im Wasser liegen bleiben.
Schabziegerklee ist ein getrocknetes, fein pulverisiertes Hochgebirgskraut. Erhältlich ist Schabziegerklee im Reformhaus oder Naturkostladen.
Gnocchi können Sie auch sehr gut im gekochten Einsatz über Dampf garen.

*Von der italienischen Küche inspiriert – mit Buchweizen vollwertig und köstlich abgewandelt – sind die Gnocchi mit cremiger Sauce.*

# Grünkern-Tomaten-Gratin mit Pilzen

| |
|---|
| *Zutaten für 4 Personen:* |
| *200 g Grünkern* |
| *400 ccm Wasser* |
| *Salz* |
| *1/2 Gemüsebrühwürfel* |
| *300–400 g Egerlinge* |
| *50 g Butterschmalz oder kaltgepreßtes, nicht raffiniertes Olivenöl* |
| *1 mittelgroßer Zucchino (250 g)* |
| *1 Bund Basilikum oder Petersilie* |
| *Streuwürze* |
| *4 große Tomaten (400 g)* |
| *100–150 g mittelalter Gouda, Emmentaler oder Mozzarella, in Scheiben geschnitten* |
| *150 g Sahne oder Crème fraîche* |
| *2–3 Eßl. Pinien- oder Sonnenblumenkerne* |

**Für Ungeübte**
**Braucht etwas Zeit**

Pro Portion etwa:
2500 kJ/600 kcal
22 g Eiweiß · 40 g Fett
39 g Kohlenhydrate
10 g Ballaststoffe

- Zubereitungszeit: etwa 1 1/4 Stunden

**1.** Den Grünkern verlesen, dann mit dem Wasser, Salz und dem zerdrückten Gemüsebrühwürfel zugedeckt 4–5 Minuten aufkochen lassen. Den Grünkern bei schwächster Hitze in 40–45 Minuten ausquellen lassen.

**2.** Inzwischen die Pilze kurz unter fließendem Wasser abspülen. Wenn nötig, putzen und in 1/2 cm dicke Scheiben schneiden.

**3.** Das Butterschmalz oder das Olivenöl in einer Pfanne erhitzen. Die Pilze darin bei mittlerer Hitze 3–5 Minuten anbraten. Beiseite stellen.

**4.** Den Zucchino waschen, vom Stiel- und Blütenansatz befreien und in 2–3 mm feine Streifen schneiden oder hobeln.

**5.** Die Zucchinistifte unter den Grünkern rühren und etwa 3 Minuten bei schwacher Hitze darin leicht köcheln lassen. Dabei die restliche Kochflüssigkeit verdampfen lassen.

**6.** Das Basilikum oder die Petersilie gründlich waschen und fein schneiden. Etwa die Hälfte davon unter den Grünkern mischen. Die Masse mit Salz und Streuwürze abschmecken.

**7.** Die Grünkernmasse in eine flache Auflaufform einfüllen. Die Pilze darauf verteilen. Die Tomaten waschen, in Scheiben schneiden, dabei den Stielansatz herausschneiden.

**8.** Abwechselnd Tomaten und Käsescheiben auf den Grünkern legen. Die Sahne oder die Crème fraîche in Tupfen darauf setzen. Die Pinien- oder die Sonnenblumenkerne darüber streuen.

**9.** Das Gratin in den Backofen (Mitte) geben und bei 190° (Gas Stufe 2 1/2) 25–30 Minuten backen. Die letzten 5 Minuten den Grill einschalten, damit die Pinien- oder Sonnenblumenkerne leicht gebräunt werden.

**10.** Das Gratin aus dem Backofen nehmen, leicht abkühlen lassen und mit den restlichen Kräutern bestreuen.

**Varianten:**
Statt des Zucchino können Sie für dieses Gratin auch Möhren verwenden. Und anstelle der Tomaten schmeckt Broccoli, den Sie vorher bißfest garen müssen.

*Dieses Gratin schmeckt im Sommer – mit sonnengereiften Tomaten und aromatischen Kräutern – am besten.*

# Dinkelflan mit Safransauce

Ob als kleines Gericht oder als Beilage zu gebratenen Pilzen oder Fisch, dieser Spinatflan wird Ihnen sicher schmecken!

*Zutaten für 4 Personen:*
*Für den Flan:*
*50 g Dinkel, grießartig gemahlen*
*25 g Pinien- oder Sonnenblumenkerne*
*250 g Spinat*
*1 Zwiebel*
*1–2 Knoblauchzehen*
*20 g Butter*
*4 Eier*
*4–5 Eßl. Sahne*
*Salz*
*schwarzer Pfeffer, frisch gemahlen*
*Muskatnuß, frisch gerieben*
*Für die Förmchen:*
*Butter*
*1–2 Eßl. geschälte Sesamsamen*
*Für die Sauce:*
*40 g Butter*
*30–40 g Naturreis oder Dinkel, fein gemahlen (4 Eßl.)*
*300 ccm Milch*
*100 g Sahne*
*1–2 Messerspitzen Safranpulver*
*Salz*
*Streuwürze*

**Raffiniert • Für Gäste**

Pro Portion etwa:
2200 kJ/520 kcal
16 g Eiweiß · 43 g Fett
23 g Kohlenhydrate
4 g Ballaststoffe

- Zubereitungszeit: etwa 1 1/2 Stunden

**1.** Den Dinkelgrieß in einer Pfanne unter Rühren bei mittlerer bis starker Hitze 2–3 Minuten rösten, bis er würzig duftet. Dann auf einen Teller zum Auskühlen geben.

**2.** Die Pinien- oder die Sonnenblumenkerne ebenfalls bei mittlerer bis starker Hitze unter Rühren goldbraun rösten. Die Kerne zu dem Grieß geben.

**3.** Den Spinat putzen, gründlich waschen und in Streifen schneiden. Die Zwiebel fein würfeln. Den Knoblauch durch die Presse drücken.

**4.** Die Butter in einem Topf aufschäumen lassen. Die Zwiebel und den Knoblauch darin leicht andünsten. Den Spinat dazugeben und bei mittlerer Hitze zugedeckt 2–3 Minuten dünsten lassen. Dann abkühlen lassen.

**5.** In einer Schüssel die Eier mit der Sahne, 1 Prise Salz, Pfeffer und Muskat verquirlen. Den gerösteten Dinkel und die Pinien- oder Sonnenblumenkerne unterrühren.

**6.** 4 kleine Auflaufförmchen oder feuerfeste Tassen gründlich mit Butter einfetten und mit dem Sesam ausstreuen.

**7.** Den Spinat unter die Eimasse rühren. Die Masse in die Förmchen füllen.

**8.** Auf den Boden eines Druckkochtopfes 2–3 Tassen Wasser geben. Den gelochten Einsatz hineingeben und die Förmchen darauf stellen. Den Topf verschließen und die Flans ohne Druck bei schwacher Hitze in 15–20 Minuten fest werden lassen. Oder die Flans, bedeckt mit gefetteter Alufolie oder Pergamentpapier, in einem Wasserbad im Backofen in 35–40 Minuten bei 180° garen, bis sie gestockt sind.

**9.** Inzwischen für die Sauce die Butter erhitzen und das Reis- oder Dinkelmehl darin leicht anschwitzen. Die Milch und die Sahne aufgießen und die Sauce etwa 5 Minuten bei mittlerer Hitze leicht kochen lassen. Die Sauce mit dem Safran, etwas Salz und Streuwürze abschmecken.

**10.** Die gestockten Flans mit einem Messer vorsichtig vom Rand der Förmchen lösen und

## Tip!

Wenn Sie noch gekochte Dinkelkörner übrig haben, können Sie 2–3 Eßlöffel davon unter die Flanmasse rühren. Sie benötigen dann nur die Hälfte des Grießes.

*Dieser Flan mit der aromatischen Safransauce eignet sich ausgezeichnet als Vorspeise bei einem festlichen Vollwertmenü.*

# Maisschnitten mit Tomatensauce

*Zutaten für 4 Personen:*
*Für die Schnitten:*
*1 l Gemüsebrühe*
*Salz*
*100 g Butter*
*3–4 Knoblauchzehen*
*250 g Maisgrieß*
*800–1000 g Spinat*
*1 Zwiebel*
*2–3 Eßl. Sesamsamen*
*Pfeffer, frisch gemahlen*
*4 Eier*
*100 g Sahne*
*50 g Emmentaler, frisch gerieben*
*Muskatnuß, frisch gerieben*
*2–3 Eßl. Pinien- oder Sonnenblumenkerne (50 g )*
*Für die Sauce:*
*800 g reife Tomaten*
*1 Zwiebel*
*1 Knoblauchzehe*
*40 g Butter*
*20 g Naturreis oder Dinkel, fein gemahlen (2 Eßl.)*
*Salz*
*1 Teel. Honig oder Ahornsirup*
*Streuwürze*
*1 Bund Basilikum, frisch gehackt*
*Nach Belieben:*
*50 g Sahne oder Crème fraîche*

## Für Gäste

Pro Portion etwa:
4200 kJ/1000 kcal
30 g Eiweiß · 67 g Fett
67 g Kohlenhydrate
10 g Ballaststoffe

- Zubereitungszeit: etwa 1 Stunde

**1.** In einem hohen Topf die Gemüsebrühe mit 1 Teelöffel Salz und 20 g Butter zum Kochen bringen. Die Knoblauchzehen durch die Presse drükken. Die Hälfte des Knoblauchs in die Brühe geben. Den Maisgrieß einstreuen und bei schwacher Hitze in etwa 20 Minuten zu einem festen Brei ausquellen lassen.

**2.** Inzwischen den Spinat waschen und in Streifen schneiden. Die Zwiebel würfeln.

**3.** 40 g Butter in einen großen Topf geben. Die Zwiebel und den restlichen Knoblauch darin andünsten. Den Spinat dazugeben und zugedeckt bei mittlerer Hitze 3–4 Minuten dünsten. Mit etwas Salz würzen. Den Spinat leicht abkühlen lassen. Das Spinatwasser abgießen.

**4.** Ein Backblech gründlich mit Butter ausstreichen und mit dem Sesam bestreuen.

**5.** Den Maisbrei mit Salz und Pfeffer abschmecken und noch warm mit einem nassen Teigschaber auf das Blech streichen. Den Backofen auf 190° ( Gas Stufe 2 1/2) einstellen.

**6.** Die Eier mit der Sahne und dem Käse verquirlen. Mit Salz, Pfeffer und Muskat kräftig würzen. Die Eiersahne unter den Spinat rühren. Die Masse auf den Maisbrei streichen. Die Pinien- oder die Sonnenblumenkerne darüber streuen.

**7.** Den Spinatkuchen im heißen Backofen (Mitte) etwa 20 Minuten backen.

**8.** Inzwischen für die Sauce die Tomaten häuten und würfeln, dabei die Stielansätze entfernen. Die Zwiebel und die Knoblauchzehe sehr fein schneiden.

**9.** Die Butter in einem kleinen Topf zerlassen. Die Zwiebel und den Knoblauch darin bei schwacher Hitze andünsten. Die Tomaten und das Reis- oder Dinkelmehl einrühren. Mit Salz, dem Honig oder Ahornsirup und Streuwürze abschmecken. Die Sauce zugedeckt 5 Minuten bei mittlerer Hitze kochen lassen. Von der Kochstelle nehmen, das Basilikum einrühren.

**10.** Den Maiskuchen aus dem Backofen nehmen und leicht abkühlen lassen, damit sich die Schnitten leicht vom Boden der Form lösen. Den Kuchen in Stücke schneiden und mit einer in Wasser getauchten Palette abnehmen. Jeweils 2 oder 3 Stücke auf einen Teller legen und mit der Tomatensauce garnieren. Nach Belieben noch 1 kleinen Klecks Sahne oder Crème fraîche darauf setzen.

*Dieses köstliche Getreide-Gemüse-Gericht läßt Sie Fleisch sicher nicht vermissen.*

# Spargelnudeln mit Egerlingen

Interessiert Sie diese neue Kombination von Spargel und Nudeln? Sie wird Ihnen garantiert schmecken! Wenn Sie nicht genug Zeit haben, die Nudeln selber zu machen, verwenden Sie 250 g Vollkorn-Bandnudeln.

*Zutaten für 4 Personen:*
*250 g Dinkel, sehr fein gemahlen*
*1 Ei*
*Salz*
*6–8 Eßl. Wasser*
*200 g Egerlinge*
*40 g Butter*
*500 g weißer oder grüner Spargel*
*1 1/2 l Wasser*
*1 Prise Zuckerrohrgranulat*
*200 g Sahne*
*1 Messerspitze Safranpulver*
*50 g Parmesan, frisch gerieben*
*Streuwürze*
*1–2 Eßl. Petersilie oder Schnittlauch, frisch geschnitten*

**Für Gäste**
**Braucht etwas Zeit**

Pro Portion etwa:
2200 kJ/520 kcal
19 g Eiweiß · 32 g Fett
44 g Kohlenhydrate
9 g Ballaststoffe

- Zubereitungszeit: etwa 2 Stunden (davon etwa 1 Stunde Ruhezeit)

**1.** Das Dinkelmehl in eine Schüssel geben. Das Ei mit 1/2 Teelöffel Salz und der Hälfte des Wassers verrühren und untermischen. Eßlöffelweise so viel Wasser unter den Teig kneten, bis er geschmeidig ist. Dann zu einer Kugel formen und in Folie gewickelt mindestens 45 Minuten quellen lassen.

**2.** Den Teig in 4 Portionen teilen und auf der bemehlten Arbeitsfläche oder zwischen den Walzen der Nudelmaschine 1–2 mm dünn auswellen. Die Teigplatten auf frische Geschirrtücher legen und etwa 30 Minuten leicht antrocknen lassen.

**3.** Die Pilze unter fließendem Wasser abbrausen, putzen und in 1/2 cm dicke Scheiben schneiden. Die Hälfte der Butter in einer großen Pfanne erhitzen. Die Pilze darin bei mittlerer Hitze etwa 5 Minuten anbraten. Dann beiseite stellen.

**4.** Den Spargel waschen und gründlich schälen (grünen Spargel nur am unteren Ende). Die Stangen in etwa 3 cm lange Stücke schneiden. Die Spargelspitzen beiseite legen.

**5.** Das Wasser mit etwa 1/2 Teelöffel Salz, der restlichen Butter und dem Granulat zum Kochen bringen. Die Spargelstücke hineingeben und in etwa 15 Minuten nicht ganz weich kochen. Die Spargelspitzen dazugeben und 4–7 Minuten mitkochen lassen. Den Spargel herausheben und zu den Pilzen geben.

**6.** Die Teigplatten aufrollen und in etwa 1 cm breite Streifen schneiden. Oder den Teig mit einer Nudelmaschine zu Bandnudeln schneiden.

**7.** Die Nudeln lockern, in das kochende Spargelwasser geben und in 2–3 Minuten garen. In ein Sieb abgießen und das Kochwasser auffangen. Die Pfanne wieder auf die Kochstelle setzen und erhitzen. Die Sahne angießen. Den Safran einrühren. Die Nudeln dazugeben und vorsichtig untermischen.

**8.** Den Parmesan und die Streuwürze dazugeben und das Gericht abschmecken. Die Kräuter untermischen.

**Variante:**
Statt des Spargels können Sie auch ein gemischtes Gemüse aus Möhre, Paprikaschote und Zucchini zubereiten. Das Gemüse mit Zwiebel und Knoblauch in Butter dünsten.

## Tip!

Nudelteig läßt sich sehr einfach und schnell mit einer Universalküchenmaschine mit rotierendem Messer herstellen, da diese den relativ trockenen Teig kraftvoll durchkneten kann.

# Pizza mit Gemüse

| |
|---|
| *Zutaten für ein Backblech:* |
| *Für den Teig:* |
| *200 ccm lauwarmes Wasser* |
| *1 1/2 Teel. Salz* |
| *20 g frische Hefe* |
| *400 g Dinkel oder Weizen, fein gemahlen* |
| *3–4 Eßl. kaltgepreßtes, nicht raffiniertes Olivenöl (50 g)* |
| *Für den Belag:* |
| *1 mittelgroße Aubergine (200 g)* |
| *Salz* |
| *300 g Zucchini* |
| *1 Zwiebel* |
| *200 g Champignons* |
| *6–8 Eßl. kaltgepreßtes, nicht raffiniertes Olivenöl* |
| *500 g Tomaten* |
| *6–8 schwarze Oliven* |
| *50 g Emmentaler oder Parmesan* |
| *100 g Crème fraîche* |
| *1 Ei* |
| *1–2 Teel. Thymian, Oregano und/ oder Basilikumblätter, frisch gehackt* |
| *Pfeffer, frisch gemahlen* |
| *Für das Blech:* |
| *1 Eßl. Öl* |
| *1–2 Eßl. Mehl, Schrot oder Kleie* |

## Braucht etwas Zeit

Bei 16 Stück pro Stück etwa:
1100 kJ/260 kcal
6 g Eiweiß · 18 g Fett
18 g Kohlenhydrate
2 g Ballaststoffe

- Zubereitungszeit: etwa 1 1/2 Stunden

**1.** Für den Teig das Wasser, das Salz und die Hefe verrühren. Das Dinkel- oder das Weizenmehl einrühren. Das Öl hinzufügen und alles mit den Knethaken des Rührgerätes oder von Hand so lange verkneten, bis sich der Teig von der Schüssel löst. Sollte er zu fest sein, 1–2 Eßlöffel Wasser dazugeben. Sollte er zu klebrig sein, 1–2 Eßlöffel Mehl einarbeiten.

**2.** Den Teig zugedeckt etwa 20 Minuten gehen lassen, bis er etwas aufgegangen ist.

**3.** Inzwischen für den Belag die Aubergine waschen, den Stielansatz entfernen und die Frucht in etwa 1 cm dicke Scheiben schneiden. Die Scheiben leicht mit Salz bestreuen und etwa 20 Minuten stehenlassen.

**4.** Die Zucchini waschen, putzen und in 1/2 cm dicke Scheiben schneiden. Die Zwiebel in feine Ringe schneiden. Die Pilze abspülen, putzen und in 1/2 cm dicke Scheiben schneiden.

**5.** Einen Teil des Olivenöls erhitzen. Nacheinander die Zwiebel, die Pilze und die Zucchini bei mittlerer Hitze jeweils 3–4 Minuten darin anbraten. Beim Braten der Zucchini den Deckel auflegen. Das Gemüse in einer Schüssel leicht abkühlen lassen.

**6.** Von den Auberginen den ausgetretenen Saft abtupfen. Die Auberginen ebenfalls bei mittlerer Hitze in Olivenöl 4–5 Minuten anbraten. Dann zu dem anderen Gemüse geben.

**7.** Den aufgegangenen Teig zusammenkneten. Das Blech fetten und mit etwas Mehl, Schrot oder Kleie bestreuen. Den Teig in die Mitte des Bleches legen und mit den Händen oder dem Wellholz zu einer gleichmäßig dicken Platte ausdrücken. Den Teig 5–10 Minuten gehen lasssen.

**8.** Inzwischen die Tomaten waschen und in Scheiben schneiden, dabei den Stielansatz entfernen. Die Tomaten auf den Teig legen. Die Gemüsemischung darauf verteilen. Die Oliven darauf setzen.

**9.** Den Käse reiben und mit der Crème fraîche und dem Ei verrühren. Wenn nötig, noch etwas Wasser oder Milch untermischen. Die Kräuter unterrühren. Mit Salz und Pfeffer würzen. Die Käse-Creme in Tupfen auf dem Belag verteilen.

**10.** Den Backofen auf 190° (Gas Stufe 2 1/2) einstellen. Die Pizza im Backofen (unten oder Mitte) in 20–25 Minuten backen, bis sich die Oberfläche leicht zu bräunen beginnt.

*Knuspriger Teig mit aromatischem Gemüse und appetitlicher Kruste – in Italien könnte die Pizza nicht besser schmecken.*

# Ährenbrot mit Dinkel

Dieses Brot wird in einer geschlossenen Backform aus gesintertem Ton (in einem speziellen Verfahren bei 1120° gebrannt) gebacken. Das Brot sieht dekorativ aus, hat eine dünne Rinde und ist saftig, da während des Backens nur wenig Feuchtigkeit entweichen kann.

| |
|---|
| *Zutaten für eine Ährenform oder* |
| *Kastenform von 25 cm Länge:* |
| *225 ccm lauwarmes Wasser* |
| *30 g frische Hefe* |
| *8 g Salz (etwa 1 1/2 Teelöffel)* |
| *425 g Dinkel oder Weizen,* |
| *fein gemahlen* |
| *15 g Sesamsamen* |
| *15 g Sonnenblumenkerne* |
| *Für die Form:* |
| *Öl* |
| *Zum Bestreuen:* |
| *1–2 Eßl. Sesamsamen oder Schrot* |

## Braucht etwas Zeit

Bei 20 Scheiben pro Stück etwa:
400 kJ/95 kcal
4 g Eiweiß · 3 g Fett
14 g Kohlenhydrate
1 g Ballaststoffe

- Zubereitungszeit: etwa 2 Stunden (davon etwa 30 Minuten Ruhezeit)

**1.** Das Wasser, die Hefe und das Salz in einer Rührschüssel verrühren.

**2.** Das Dinkel- oder das Weizenmehl unterrühren. Die Sesamsamen und die Sonnenblumenkerne dazugeben. Den Teig mit den Knethaken des Rührgerätes (3 Minuten) oder von Hand (7 Minuten) gründlich durchkneten, bis er zäh ist und sich von der Schüssel löst. Der Teig soll relativ fest, aber trotzdem geschmeidig sein. Wenn der Teig zu weich ist, könnte er aus der Form drücken.

**3.** Den Teig zugedeckt etwa 30 Minuten an einem warmen Platz gehen lassen, bis sich sein Volumen etwa um die Hälfte vergrößert hat und er sich weich anfühlt.

**4.** Beide Teile der Backform einschließlich der Ränder gründlich mit Öl ausstreichen und mit den Sesamsamen oder dem Schrot ausstreuen.

**5.** Den Backofen auf 230° (Gas Stufe 3–4) vorheizen.

**6.** Den aufgegangenen Teig kurz zusammenkneten. Dann zu einem ovalen Teigstück formen und in die vorbereitete Form legen.

**7.** Die Form mit den Klammern verschließen und in den Backofen (Mitte) geben. Das Brot 10 Minuten bei 230° (Gas Stufe 3–4) backen. Dann die Temperatur auf 180° (Gas Stufe 2 1/2) reduzieren und das Brot in 50 Minuten fertig backen.

**8.** Die Form aus dem Ofen nehmen, auf eine hitzebeständige Unterlage stellen und leicht abkühlen lassen.

**9.**. Das Brot herausnehmen. Dabei, wenn nötig, die Rinde an den Rändern mit einem scharfen Messer lösen.

**10.** Das Brot auf einem Kuchengitter auskühlen lassen.

## Tip!

Da der Teig in einer geschlossenen Form gebacken wird, sollte er nicht zu weich sein, da er sonst während des Backens aus der Form drükken könnte. Sollte dies einmal passieren, nehmen Sie das Teigstück nach etwa 20 Minuten ab, es schmeckt wunderbar knusprig! Wenn Sie das Brot nicht in einer geschlossenen Form backen, sondern in einer Kastenform oder ohne Form als Stollen, müssen Sie es vor dem Einschieben in den Backofen etwa 20 Minuten gehen lassen, bis sich an der Oberfläche geplatzte Gärbläschen zeigen. Die Backzeit beträgt 40–45 Minuten.

*Dieses saftige Brot sieht durch die spezielle Backform besonders dekorativ aus.*

# Beerenkuchen mit Nußguß

*Zutaten für eine Springform*
*von 24–26 cm:*
*Für den Teig:*
*200 g Weizen oder Dinkel, fein gemahlen*
*1 gestrichener Teel. Weinstein-Backpulver*
*80 g weiche Butter*
*60 g Zuckerrohrgranulat*
*1/4 Teel. Zimtpulver*
*1 Prise Salz*
*4–5 Eßl. Apfelsaft oder Apfelwein*
*Für die Form:*
*Butter*
*Für den Belag:*
*400 g Johannisbeeren, Stachelbeeren, Heidelbeeren oder Brombeeren*
*100 g Crème fraîche*
*2 Eier*
*50–80 g Zuckerrohrgranulat oder Honig, je nach Süße der Früchte*
*1/2 Teel. Zimtpulver*
*1 Prise gemahlene Nelken*
*1 reife Banane*
*50 g Hafer, mittelgrob geschrotet, ersatzweise feine Haferflocken*
*80 g Haselnüsse oder Mandeln, frisch gerieben*

## Für Gäste

Bei 12 Stück pro Stück etwa:
1000 kJ/240 kcal
6 g Eiweiß · 12 g Fett
30 g Kohlenhydrate
3 g Ballaststoffe

- Zubereitungszeit: etwa 1 1/4 Stunden

**1.** Für den Teig das Weizen- oder das Dinkelmehl, das Backpulver, die Butter, das Granulat, den Zimt, das Salz und den Saft oder Wein in eine Rührschüssel geben und mit den Rührbesen des Rührgerätes zu einem festen Teig verrühren. Den Teig zu einer Kugel formen.

**2.** Eine Springform fetten. Die Teigkugel in die Mitte der Form legen.

**3.** Die Beeren waschen und abtropfen lassen. Die Johannisbeeren von den Stielen streifen.

**4.** Für den Belag die Crème fraîche, die Eier, das Granulat oder den Honig, das Zimt- und Nelkenpulver sowie den Haferschrot oder die Haferflocken verrühren. Die Banane schälen, in kleine Stücke schneiden oder mit einer Gabel etwas zerdrücken.
Die Banane und die Nüsse mit dem Rührgerät unter den Belag rühren.

**5.** Den Backofen auf 190° (Gas Stufe 2 1/2, Umluft 175°) einstellen.

**6.** Den Teig mit den Händen zu einem gleichmäßig dicken Boden ausdrücken und einen etwa 3 cm breiten Rand hochziehen.

**7.** Die Hälfte des Gusses auf den Teigboden verteilen. Die Beeren bis auf einen kleinen Rest darauf geben. Den restlichen Guß darauf gleiten lassen und die restlichen Beeren darüber streuen.

**8.** Den Kuchen in den Backofen (Mitte) geben und 40–45 Minuten backen, bis die Oberfläche leicht gebräunt ist.

**9.** Den Kuchen noch 5 Minuten im abgeschalteten Backofen stehen lassen. Dann herausnehmen. Den Springformrand ablösen und den Kuchen mit einer Palette vom Boden der Form heben, auf einem Kuchengitter auskühlen lassen.

## Tip!

Zuckerrohrgranulat ist der getrocknete Saft der Zuckerrohrpflanze, der schonend gewonnen und nicht raffiniert ist. Dieser Vollrohrzucker enthält noch Vitamine und Mineralstoffe. Er schmeckt leicht nach Karamel und verleiht dem Kuchen eine angenehme, wohlschmeckende Süße. Es gibt inzwischen verschiedene Produkte auf dem Markt, zum großen Teil auch aus kontrolliert-ökologischem Anbau. Bedenken Sie aber beim Süßen, daß jedes Süßungsmittel nur wie ein Gewürz verwendet werden sollte.

*Der ideale Kuchen für den Sommer, wenn die fruchtigen Beeren reif sind.*

# Hefezopf mit Apfelfüllung

Ich bevorzuge für Hefeteig Dinkel, da der Teig durch seinen hohen Klebergehalt besonders elastisch wird. Hefegebäck aus Dinkel ist besonders fein und knusprig.

*Zutaten für einen Zopf von etwa 35 cm Länge:*
*200 ccm lauwarme Milch*
*42 g frische Hefe (1 Würfel)*
*60 g Zuckerrohrgranulat oder Honig*
*1 Eigelb*
*1 Prise Salz*
*500 g Dinkel, fein gemahlen*
*80 g weiche Butter*
*Für die Füllung:*
*100 g ungeschwefelte Rosinen*
*50 g beliebige Nüsse, Sonnenblumen-, Kürbis- oder Pinienkerne*
*400 g säuerliche Äpfel, zum Beispiel Boskop*
*20 g Butter*
*1 unbehandelte Zitrone*
*1/2 Teel. Zimtpulver*
*1 Eiweiß*
*Für das Blech:*
*Butter*
*1–2 Eßl. Mehl oder Schrot*
*Zum Bestreichen:*
*1–2 Eßl. Sahne*

**Braucht etwas Zeit**
**Preiswert**

Bei 12 Stück pro Stück etwa:
1300 kJ/310 kcal
8 g Eiweiß · 12 g Fett
41 g Kohlenhydrate
3 g Ballaststoffe

- Zubereitungszeit: etwa 1 1/2 Stunden

**1.** Die Milch, die Hefe, das Granulat oder den Honig, das Eigelb und das Salz in einer Schüssel verrühren.

**2.** Das Dinkelmehl unterrühren. Die Butter in Flöckchen auf den Teig setzen und alle Zutaten mit dem Rührgerät in 2–3 Minuten oder von Hand in 5–6 Minuten zu einem geschmeidigen Teig verkneten, bis er glänzt und sich von der Schüssel löst. Sollte er zu fest sein, noch 1–2 Eßlöffel Milch einarbeiten. Den Teig mit etwas Mehl bestäuben und zugedeckt 20–30 Minuten gehen lassen, bis sich das Volumen etwa verdoppelt hat.

**3.** Inzwischen für die Füllung die Rosinen mit etwa 1/4 l kochendem Wasser überbrühen.

**4.** Die Nüsse oder Kerne grob hacken.

**5.** Die Äpfel gründlich waschen und abtrocknen. An Blüte und Stiel festhalten und auf einer Raspel in mittelgrobe Stifte zerkleinern.

**6.** Die Butter in einer Pfanne schmelzen. Die Nüsse oder Kerne darin bei mittlerer Hitze unter Rühren leicht anrösten. Die Äpfel dazugeben und 1–2 Minuten mitdünsten. Dann zum Abkühlen beiseite stellen.

**7.** Die Zitrone heiß abwaschen und die Hälfte der Schale auf die Äpfel reiben. Den Zimt und das Eiweiß einrühren.

**8.** Ein Blech fetten und mit dem Mehl oder der Kleie bestäuben. Den Teig darauf zu einem knapp 1 cm dicken Rechteck auswellen und noch einmal 5–10 Minuten gehen lassen.

**9.** Auf dem Teig längs drei Teile markieren. Die Füllung auf der mittleren Fläche verteilen. Die Außenflächen mit einem scharfen Messer streifenförmig schräg einschneiden. Die Streifen von beiden Seiten abwechselnd über die Füllung klappen und dabei in der Mitte aufeinandertreffen lassen.

**10.** Den Zopf mit der Sahne bestreichen.

**11.** Den Zopf in den Backofen (Mitte) schieben und bei 190° (Gas Stufe 2 1/2) in 30–40 Minuten goldbraun backen.

**12.** Den Kuchen aus dem Backofen nehmen. Mit Hilfe einer Palette auf ein Kuchengitter heben und auskühlen lassen.

*Die saftige Füllung machts möglich: Der Hefezopf schmeckt auch nach ein paar Tagen noch frisch.*

# Crêpes mit Himbeersahne

| |
|---|
| *Zutaten für 4 Personen:* |
| *Für die Crêpes:* |
| *60 g Dinkel oder je 30 g Dinkel und* |
| *Buchweizen, sehr fein gemahlen* |
| *1 Ei* |
| *1/8 l Milch* |
| *1–2 Teel. Zuckerrohrgranulat* |
| *oder Honig* |
| *Salz* |
| *1 unbehandelte Zitrone* |
| *Für die Füllung:* |
| *250 g Himbeeren* |
| *150–200 g Sahne* |
| *einige Minzeblättchen* |
| *Zum Braten:* |
| *20–30 g Butter* |

**Für Gäste**

Pro Portion etwa:
1200 kJ/290 kcal
6 g Eiweiß · 22 g Fett
18 g Kohlenhydrate
4 g Ballaststoffe

- Zubereitungszeit: etwa 50 Minuten

**1.** Das Mehl mit dem Ei und der Milch verrühren. Das Granulat oder den Honig und 1 Prise Salz untermischen.

**2.** Die Zitrone heiß waschen, und trocknen. Etwa ein Viertel der Schale abreiben und unter den Teig rühren. Den Teig zugedeckt mindestens 30 Minuten quellen lassen.

**3.** Inzwischen die Himbeeren in einem Sieb abbrausen und abtropfen lassen. Die Sahne schlagen.

**4.** Wenig Butter in einer Pfanne aufschäumen lassen. Mit einer Schöpfkelle etwas Teig in die schräggehaltene Pfanne einlaufen und durch Drehen verlaufen lassen. Nacheinander bei mittlerer Hitze 4 dünne Pfannkuchen braten.

**5.** Jeweils 1 Pfannkuchen auf Portionsteller legen. Etwas Sahne darauf setzen, die Himbeeren darauf verteilen, die Crêpes zusammenklappen. Die Minze abspülen und die Crêpes damit garnieren.

# Weizen-Fruchttörtchen

| |
|---|
| *Zutaten für 4 Personen:* |
| *100 g getrocknete ungeschwefelte* |
| *Aprikosen oder Feigen* |
| *300 ccm Milch* |
| *50 g ungeschwefelte Rosinen* |
| *150 g Couscous, Bulgur oder* |
| *Vollkorngrieß* |
| *1–2 Teel. Zuckerrohrgranulat* |
| *50 g beliebige Nüsse, gehackt* |
| *10 g Butter* |
| *1 Banane* |
| *250 g Erdbeeren oder Himbeeren* |

**Für Gäste**

Pro Portion etwa:
1800 kJ/430 kcal
11 g Eiweiß · 12 g Fett
18 g Kohlenhydrate
6 g Ballaststoffe

- Zubereitungszeit: etwa 40 Minuten

**1.** Die Aprikosen oder die Feigen kleinschneiden.

**2.** Die Milch zum Kochen bringen. Die Rosinen und die Trockenfrüchte einstreuen und 1 Minute kochen lassen. Den Couscous, den Bulgur oder den Vollkorngrieß und das Granulat einrühren. Den Grieß auf der ausgeschalteten Kochstelle zugedeckt in etwa 10 Minuten ausquellen lassen. Dabei ab und zu umrühren.

**3.** Die Nüsse in einer Pfanne mit der Butter bei mittlerer Hitze unter Rühren leicht rösten.

**4.** Den Grieß etwas abkühlen lassen. Die Nüsse unterrühren. Die Banane kleinschneiden und unter den Grieß rühren. Die Masse in kalt ausgespülte Tassen streichen, festdrücken und auskühlen lassen.

**5.** Die Erdbeeren waschen und abzupfen. Oder die Himbeeren abbrausen. Die Früchte mit dem Mixstab pürieren.

**6.** Die Förmchen kurz in heißes Wasser tauchen und die Törtchen auf Dessertteller stürzen. Das Fruchtpüree um die Törtchen gießen.

*Bild oben: Crepês mit Himbeersahne.*
*Bild unten: Weizen-Fruchttörtchen.*

# Zimtcreme mit Bananen

*Zutaten für 4 Personen:*
*1/2 l Milch*
*60 g Naturreis, fein gemahlen*
*3–4 Eßl. Zuckerrohrgranulat oder Honig*
*3–4 Teel. Zimtpulver*
*200 g Sahne*
*1–2 Bananen*

**Preiswert • Schnell**

Pro Portion etwa:
1400 kJ/330 kcal
7 g Eiweiß · 20 g Fett
38 g Kohlenhydrate
1 g Ballaststoffe

- Zubereitungszeit: etwa 35 Minuten

**1.** Die Milch in einen mit Wasser ausgespülten Topf geben. Das Reismehl einrühren und die Milch zum Kochen bringen.

**2.** Die Milch unter Rühren etwa 5 Minuten bei mittlerer Hitze kochen lassen, dann von der Kochstelle nehmen und unter gelegentlichem Rühren abkühlen lassen.

**3.** Das Granulat oder den Honig und den Zimt einrühren und die Creme abschmecken. Die Sahne steif schlagen. Die Hälfte der Sahne unter die Creme ziehen.

**4.** Die Creme in Schälchen füllen. Die Bananen in Scheiben schneiden. Die Creme mit der restlichen Sahne und den Bananen garnieren.

**Variante:**
Sie können zusätzlich geriebene, geröstete Nüsse unter die Creme mischen.

# Hafercreme mit Orangen

*Zutaten für 4 Personen:*
*1/2 l Milch*
*80 g Hafer, fein gemahlen oder feine Hafervollkornflocken*
*1/2 Teel. Agar-Agar*
*1 Messerspitze Zimtpulver*
*1 Messerspitze Nelkenpulver*
*1 Messerspitze gemahlene Vanille*
*2 unbehandelte Orangen*
*50 g Magerquark*
*30–40 g Zuckerrohrgranulat*
*200 g Sahne*

**Für Ungeübte**

Pro Portion etwa:
1600 kJ/380 kcal
10 g Eiweiß · 22 g Fett
34 g Kohlenhydrate
1 g Ballaststoffe

- Zubereitungszeit: etwa 1 Stunde (davon etwa 30 Minuten Kühlzeit)

**1.** Die Milch in einem Topf mit dem Hafer oder den Flokken, dem Agar-Agar und den Gewürzen verrühren.

**2.** Die Orangen heiß abspülen, abtrocknen und die Schale der Orangen (ohne die weiße Haut) in den Topf reiben. Die Masse zum Kochen bringen und unter Rühren bei mittlerer Hitze etwa 2 Minuten kochen, bis sie dick wird.

**3.** Den Topf von der Kochstelle nehmen. Die Creme unter Rühren abkühlen lassen.

**4.** Den Quark, das Granulat oder den Honig unter die Creme rühren.

**5.** Die Sahne schlagen und mit einem Schneebesen vorsichtig unter die abgekühlte Creme heben. Die Creme in Dessertschälchen füllen und etwa 30 Minuten kühl stellen.

**6.** Inzwischen die Orangen mit einem scharfen Messer schälen, dabei die weiße Haut ganz entfernen. Mit dem Messer an den Innenseiten der einzelnen Spalten entlangschneiden und so das Fruchtfleisch aus der Haut lösen. Die Kerne entfernen.

**7.** Die Orangenfilets dekorativ auf die Creme legen.

## Tip!

Diese Creme können Sie auch mit der gleichen Menge feingemahlenem Dinkel zubereiten. Außerdem schmeckt sie auch mit anderen saftigen Früchten oder, im Winter, mit eingeweichtem Trockenobst.

*Im Bild vorne: Zimtcreme mit Bananen.*
*Im Bild hinten: Hafercreme mit Orangen.*

## REZEPT- UND SACHREGISTER

**Zum Gebrauch**
Damit Sie Rezepte mit bestimmten Zutaten noch schneller finden können, stehen in diesem Register zusätzliche auch beliebte Zutaten wie Dinkel und Pilze – ebenfalls alphabetisch geordnet – über den entsprechenden Rezepten.


**A**
Ährenbrot mit Dinkel 52
Amaranth 5
Amaranth-Tomaten-Suppe 18
Apfel: Hefezopf mit Apfelfüllung 56
Auberginen: Pizza mit Gemüse 50

**B**
Bananen: Zimtcreme mit Bananen 60
Beerenkuchen mit Nußguß 54
Blattsalat mit Dinkel und Käse 12
Bohnen: Buchweizentopf mit Sommergemüse 22
Bratlinge: Dinkel-Haselnuß-Bratlinge 28
Brot: Ährenbrot mit Dinkel 52
Buchweizen 5
Buchweizengnocchi mit Kräutersauce 40
Buchweizentopf mit Sommergemüse 22

**C**
Couscous: Gemüse mit Couscous 22
Couscous: Südländischer Weizensalat »Taboule« 15
Cremiges Dinkelmüsli 10
Crepês mit Himbeersahne 58
Crepês mit Kräuter-Sprossensauce 24
Curry: Linsencurry mit Getreide 20

**D**
**Dinkel**
Ährenbrot mit Dinkel 52
Blattsalat mit Dinkel und Käse 12
Cremiges Dinkelmüsli 10
Dinkel-Haselnuß-Bratlinge 28
Dinkelcremesuppe mit Zuckerschoten 18
Dinkelflan mit Safransauce 44
Dinkel mit Spinatsahne 32
Warenkunde 4

**E**
Egerlinge: Spargelnudeln mit Egerlingen 48
Erbsen: Gemüse mit Couscous 22

**F**
Fenchel: Risotto mit Fenchel 26
Flan: Dinkelflan mit Safransauce 44
Früchte: Weizen-Frucht-Törtchen 58

**G**
Galgant (Tip) 10
**Gemüse**
Gemüsebrühe mit Grießklößchen 16
Gemüsebrühe (Tip) 16
Buchweizentopf mit Sommergemüse 22
Gemüse mit Couscous 22
Pizza mit Gemüse 50
Getreide: Linsencurry mit Getreide 20
Gnocchi: Buchweizengnocchi mit Kräutersauce 40
Gomasio (Tip) 34
Gratin: Grünkern-Tomaten-Gratin mit Pilzen 42
Grieß: Gemüsebrühe mit Grießklößchen 16
**Grünkern**
Grünkern-Tomaten-Gratin mit Pilzen 42
Grünkernküchlein mit Möhrensauce 36
Grünkernsalat mit Käse und Trauben 14
Warenkunde 4

**H**
Hafer 4
Hafercreme mit Orangen 60
Haselnüsse: Dinkel-Haselnuß-Bratlinge 28
Hefezopf mit Apfelfüllung 56
Himbeeren: Crêpes mit Himbeersahne 58
Himbeeren: Knuspermüsli mit Himbeeren 10
Hirse 5
Hirsesuppe mit Sprossen 16

**K**
Käse: Blattsalat mit Dinkel und Käse 12
Käse: Grünkernsalat mit Käse und Trauben 14
Klößchen: Gemüsebrühe mit Grießklößchen 16
Knuspermüsli mit Himbeeren 10
Kohlrabi: Gemüse mit Couscous 22
Kräuter: Buchweizengnocchi mit Kräutersauce 40
Kräuter: Crêpes mit Kräuter-Sprossensauce 24
Kuchen: Beerenkuchen mit Nußguß 54
Küchlein: Grünkernküchlein mit Möhrensauce 36

**L**

Linsencurry mit Getreide 20

**M**

Mais 5
Maisschnitten mit Tomatensauce 46
Maultaschen mit Spinat-Tofu-Füllung 38
Miso (Tip) 28
Möhren: Gemüse mit Couscous 22
Möhren: Grünkernküchlein mit Möhrensauce 36
Müsli: Cremiges Dinkelmüsli 10
Müsli: Knuspermüsli mit Himbeeren 10

**N**

Naturreis 5
Nudeln mit Zitrone 32
Nudeln: Spargelnudeln mit Egerlingen 48
Nüsse: Beerenkuchen mit Nußguß 54

**O**

Orangen: Hafercreme mit Orangen 60

**P**

Paprikaschoten: Buchweizentopf mit Sommergemüse 22
Pfannkuchen: Zucchini-Thymian-Pfannkuchen 34
Pilze
  Grünkern-Tomaten-Gratin mit Pilzen 42
  Maultaschen mit Spinat-Tofu-Füllung 38
  Pizza mit Gemüse 50
  Spargelnudeln mit Egerlingen 48
  Wirsingspätzle mit Pilzen 30
Pizza mit Gemüse 50

**R**

Reis, Naturreis 5
Reis: Risotto mit Fenchel 26
Risotto mit Fenchel 26

**S**

Safran (Tip) 26
Safran: Dinkelflan mit Safransauce 44
Salat
  Blattsalat mit Dinkel und Käse 12
  Grünkernsalat mit Käse und Trauben 14
  Südländischer Weizensalat »Taboule« 15
Sojasauce (Tip) 28
Spargelnudeln mit Egerlingen 48
Spätzle: Wirsingspätzle mit Pilzen 30
Spinat
  Dinkel mit Spinatsahne 32
  Maisschnitten mit Tomatensauce 46
  Maultaschen mit Spinat-Tofu Füllung 38
Sprossen (Tip) 20
Sprossen: Crepês mit Kräuter-Sprossensauce 24
Sprossen: Hirsesuppe mit Sprossen 16
Südländischer Weizensalat »Taboule« 15
Suppe
  Amaranth-Tomaten-Suppe 18
  Dinkelcremesuppe mit Zuckerschoten 18
  Gemüsebrühe mit Grießklößchen 16
  Hirsesuppe mit Sprossen 16

**T**

Thymian (Tip) 34
Thymian: Zucchini-Thymian-Pfannkuchen 34
Tofu (Tip) 39
Tofu: Maultaschen mit Spinat-Tofu-Füllung 38
Tomaten
  Amaranth-Tomaten-Suppe 18
  Buchweizentopf mit Sommergemüse 22
  Grünkern-Tomaten-Gratin mit Pilzen 42
  Maisschnitten mit Tomatensauce 46
  Pizza mit Gemüse 50
Törtchen: Weizen-Fruchttörtchen 58
Trauben: Grünkernsalat mit Käse und Trauben 14

**W**

Weizen 4
Weizen: Südländischer Weizensalat »Taboule« 15
Weizen-Fruchttörtchen 58
Wirsingspätzle mit Pilzen 30

**Z**

Zimtcreme mit Bananen 60
Zitrone: Nudeln mit Zitrone 32
Zopf: Hefezopf mit Apfelfüllung 56
Zucchini
  Buchweizentopf mit Sommergemüse 22
  Grünkernküchlein mit Möhrensauce 36
  Grünkern-Tomaten-Gratin mit Pilzen 42
  Pizza mit Gemüse 50
  Zucchini-Thymian-Pfannkuchen 34
Zuckerrohrgranulat (Tip) 54
Zuckerschoten: Dinkelcremesuppe mit Zuckerschoten 18

# IMPRESSUM

Umschlag-Vorderseite: Grünkern-Tomaten-Gratin mit Pilzen schmeckt im Sommer – mit sonnengereiften Tomaten und aromatischen Kräutern – am besten. Das Rezept finden Sie auf Seite 42.

CIP-Titelaufnahme der Deutschen Bibliothek
Handschmann, Johanna: Vollkorn mit Genuß: tolle Rezepte für Dinkel, Grünkern, Hafer, Hirse, Weizen . . ./ Johanna Handschmann. – 2. Aufl. – München: Gräfe u. Unzer, 1991 (GU Küchen-Ratgeber)
ISBN 3-7742-2499-4

2. Auflage 1991


Redaktion: Cornelia Schinharl
Layout: Ludwig Kaiser
Typografie: Robert Gigler
Herstellung: Christine Germer
Fotos: Odette Teubner, Kerstin Mosny
Umschlaggestaltung: Heinz Kraxenberger
Satz: Hesz Satz, Augsburg
Druck: Appl, Wemding
Reproduktionen: Mayr, Donauwörth
Bindung: R. Oldenbourg
ISBN 3-7742-2499-4

**Wichtiger Hinweis**
Kaufen Sie möglichst nur gereinigtes Getreide. Denn Schmutz und Unkrautsamen (vor allem Samen der giftigen Kornrade) dürfen nicht enthalten sein. Das gleiche gilt für das heute wieder häufiger auftretende Mutterkorn. Es entsteht durch einen Pilz, der vor allem den Roggen befällt. Das violett-schwarze, innen schneeweiße Mutterkorn ähnelt einem stark vergrößerten, leicht gebogenen Getreidekorn. In größeren Mengen verzehrt ruft Mutterkorn lebensgefährliche Vergiftungserscheinungen hervor. Die Gefahr einer Vergiftung ist relativ gering, wenn Sie wie empfohlen, gereinigtes Getreide kaufen. Essen Sie Schoten oder Samen von Hülsenfrüchten nie roh. Erst durch ausreichendes Garen wird das darin enthaltene natürliche Gift, das Phasin unschädlich gemacht. Beim Keimen wird dieses Gift nur teilweise abgebaut; deshalb sollten Sie auch Sojabohnenkeimlinge nicht zu oft und grundsätzlich kurz erhitzt oder blanchiert essen.

**Johanna Handschmann**
stammt aus Rippberg im Odenwald. Nach dem Abitur studierte sie neben anderen Fächern Hauswirtschaft in Karlsruhe. In Lehrerfortbildungskursen und in Kochkursen an Volkshochschulen überzeugte sie viele Menschen von den Vorzügen der Vollwertkost und der Schmackhaftigkeit ihrer Gerichte. Johanna Handschmann lebt heute am Bodensee und widmet sich dort der Kreation und Erprobung von Vollwertrezepten.